clave

Patricia Ramírez, conocida como Patri Psicóloga, es psicóloga, escritora, conferenciante y divulgadora en diferentes medios de comunicación. Patricia es licenciada en Psicología, tiene un máster en Psicología clínica y de la salud y un doctorado del Departamento de Personalidad, Evaluación y Tratamiento Psicológico de la Universidad de Granada.

En 2017 fue galardonada con el Premio del Colegio Oficial de Psicólogos de Andalucía Oriental a la mejor divulgadora en redes sociales, y en 2024 obtuvo el Premio MIA 2024 a la mujer más influyente de Aragón en la categoría de divulgación y generación de contenido. Desde sus redes, en las que cuenta con más de un millón de seguidores, ofrece diariamente consejos y herramientas a través de sus vídeos y posts, y divulga sobre lo que más le apasiona: la psicología de la vida cotidiana.

Es autora de doce libros, entre los que destacan: *Vivir con serenidad* (Grijalbo, 2022), *Somos fuerza* (Grijalbo, 2021) y *Cuenta contigo* (Conecta, 2016), el cual lleva más de once ediciones. Colabora habitualmente en televisión, radio, prensa y revistas. Destaca su participación en el programa *Para todos la 2* de TVE. Desde 2021 está de gira con su equipo por España con cinco obras de teatro que acercan la psicología al público desde el humor y el rigor, y que dan herramientas para gestionar la ansiedad, la adolescencia, la menopausia y las relaciones de pareja. Estos cinco espectáculos se pueden ver en las principales ciudades del país.

Es conferenciante habitual sobre temas relacionados con la actitud, la fuerza de voluntad, la confianza, el liderazgo y el optimismo, e imparte talleres semanalmente, online y de forma presencial. Su clínica online, de cobertura nacional e internacional, tiene un objetivo claro: mejorar la vida de las personas.

Para más información, visita la página web de la autora:
www.patripsicologa.com

También puedes seguir a Patricia Ramírez en Instagram:
@patri_psicologa

PATRICIA RAMÍREZ LOEFFLER

Estrena optimismo

Dinámicas para fortalecer tus emociones

DEBOLS!LLO

Papel certificado por el Forest Stewardship Council®

Primera edición en Debolsillo: abril de 2026

© 2018, Patricia Ramírez Loeffler
© 2018, 2026, Penguin Random House Grupo Editorial, S.A.U.
Travessera de Gràcia, 47-49. 08021 Barcelona
Diseño de la cubierta: Penguin Random House Grupo Editorial

Printed in Spain – Impreso en España

ISBN: 978-84-663-9017-0
Depósito legal: B-2.540-2026

Diseño y maquetación: Jorge Penny
Impreso en Black Print CPI Ibérica
Sant Andreu de la Barca (Barcelona)

P 3 9 0 1 7 0

A todas las personas que, a pesar de sus desgracias, brindan por la vida, contagian a los suyos y son un ejemplo para todos. Espero, querido lector, que si te sientes identificado con esta definición, compartas conmigo tu experiencia de superación y con ella ayudemos a tanta gente que desconoce cómo salir del agujero. A veces no es falta de actitud, no. Es solo falta de recursos, de ideas, de soluciones. Escríbeme, por favor, a mi correo si tienes una historia especial o conoces la historia de alguien que inspire y que se pueda compartir, y le dedicaremos un espacio en mi blog.

patricia@patriciaramirezloeffler.com

Todos tenemos una fuente que rellena ese optimismo que a veces perdemos. Gracias, **Carmen** y **Pablo**, por ser mi infinito manantial.

Gracias, **Andrés**, porque al llegar a mi vida me confirmaste que ser optimista y creer durante tantos años que ahí fuera había alguien especial y perfecto para mí, no era una utopía, sino una realidad. Solo hay que saber esperar.

Y gracias, **Andrea** y **Ale**, por ser parte de esta familia tan maravillosa que ahora tenemos. Nunca pensé que seríamos familia numerosa. Así que sois un regalo que ni siquiera había soñado.

A ti, **@vueltas_dog**, que jamás has dicho nada negativo. Que inundas la casa con positividad, alegría y optimismo, y porque siempre estás feliz y agradecido de compartir tu vida con nosotros.

ÍNDICE

ÍNDICE

INTRODUCCIÓN

¿Puedes estrenar optimismo?

Sí. El optimismo no se compra, pero sí se entrena. No nacemos ni pesimistas ni optimistas. No es una habilidad genéticamente predeterminada. Así que, si hasta ahora no has estrenado optimismo, estás de suerte, ahí fuera hay un montón de optimismo que puede ser para ti.

Dijo Abraham Lincoln que **un optimista es alguien que encuentra una oportunidad en cada dificultad,** y que un pesimista es el que encuentra una dificultad en cada oportunidad. Y tenía razón. El optimismo no es lo que surge cuando disfrutas de un entorno favorable y positivo, sino tu actitud para creer que puedes construir el entorno a tu antojo. El optimismo está más relacionado con la actitud que con las circunstancias personales. La persona optimista no tiene la suerte o las circunstancias a su favor, sino la capacidad para separar el grano de la paja. Todos a nuestro alrededor tenemos problemas, más o menos graves, incluso dificultades que de inicio pueden parecer insalvables. Pero la manera en que nos enfrentamos a ellas muchas veces diferencia al ganador del perdedor, al «disfrutón» del que vive en la apatía y la tristeza constante. El optimismo es la tendencia a ver y a juzgar las cosas en su aspecto más positivo o más favorable. Las actitudes están condicionadas por nuestras ideas. En gran parte, **somos y hacemos lo que nos decimos.**

Algunos pesimistas suelen pensar que el optimista es una persona desinformada. Pero... **el optimista es una persona más realista,** porque piensa más en los aspectos negativos que los pesimistas en los positivos. Ser optimista no es «pasar» de lo negativo. La definición de optimismo no incluye que alguien desatienda los contratiempos, las dificultades ni las desventajas. Solo que presta más atención a lo que puede funcionar que a lo que puede fallar. En este sentido se está focalizando hacia lo que sí funciona, y la mente da más vueltas a las soluciones que a lo que puede fracasar. Ningún optimista se lanza a una piscina sin agua pensando que en el transcurso de su caída se llenará por arte de magia. Es optimista, no tonto.

Es cierto que existen trastornos del estado del ánimo que necesitan algo más que actitud, como puede ser medicación y una intervención psicológica profunda. Pero de verdad te digo que la disposición ante la vida, el humor, la alegría y el querer tienen gran parte de responsabilidad sobre nuestra felicidad.

La persona optimista:

✔ Interpreta el entorno y las dificultades quedándose con lo positivo frente a lo negativo.

✔ En lugar de rumiar y reconcomerse con lo negativo, trata de verbalizar en positivo y en términos de soluciones.

✔ No anticipa lo malo que va a suceder. Esto no significa que no contemple las dificultades. Sí que lo hace, pero para anticiparse, no para venirse abajo.

✔ Minimiza el error y el fracaso y los toma como temporales en lugar de pensar que es un patrón estable en su vida.

✔ Se contempla como responsable de su éxito. Confía en que llegará algo bueno, en que tendrá un premio, y estas expectativas le llevan a esforzarse y trabajar duro.

✔ Valora más lo que tiene que lo que le falta. Está más pendiente de sus fortalezas que de sus debilidades.

✔ Piensa que ni el éxito ni el fracaso son determinantes, que no dicen nada sobre él o ella. Lo que cuenta para la persona optimista son sus valores, su trabajo, su actitud y su talento.

✔ Tiene una forma de pensar orientada al éxito.

✔ El entorno es un lugar para aprender.

✔ Los momentos positivos los engrandece.

✔ El futuro son proyectos.

✔ Disfruta del camino más que del destino.

✔ Utiliza un idioma positivo cuando habla consigo misma: puedo, lo intento, no tengo nada que perder, esto es una oportunidad, etc.

✔ Se rodea de amigos y apoyo social con los que se identifica.

✔ Presta ayuda, suele ser más empática y sensible con las necesidades de los demás.

✔ Hace por disfrutar, busca situaciones, películas, libros que potencien emociones positivas.

✔ No se siente culpable por pasarlo bien y disfrutar de la vida, sino que esto está dentro de su escala de valores. Vive con un firme propósito de ser feliz.

✔ No minusvalora el peligro: relativiza y elige las batallas.

✔ Concentra toda su fuerza y energía en controlar lo controlable y en desatender aquello sobre lo que no puede intervenir.

✔ Su escala de valores le permite ser feliz: hay menos envidia, menos celos, más compartir, mayor benevolencia, menos rencor.

Pensar de forma optimista requiere un esfuerzo mayor que hacerlo de forma catastrófica, porque nuestro cerebro tiene una tendencia natural a hacerlo así. Pero recuerda, tu cerebro también posee una cualidad fundamental, su plasticidad. Aprende constantemente. No solo aprende cómo realizar una nueva receta o cómo mejorar una habilidad deportiva, también aprende nuevas formas de pensar y sentir. Y esa es la base del optimismo.

Siendo optimista no te aseguras el éxito, pero sí aumentas la probabilidad de alcanzarlo. Encuentra soluciones quien piensa en ellas, no quien solo contempla las puertas que se pueden cerrar. El optimista invierte esfuerzo y trabajo en algo que cree que puede tener salida, y posee algo muy importante: esperanza, y eso le da ánimo y motivación para seguir intentándolo.

Son muchos los autores brillantes de la psicología, como Martin Seligman y Mihály Csíkszentmihályi, que han dedicado su vida a estudiar la psicología positiva. Ser optimista es una opción, una elección, no algo a lo que una persona tenga que renunciar por no tenerlo en este momento. El optimismo se puede entrenar, como se entrena la fuerza, la estrategia o la flexibilidad. De hecho, el optimismo forma parte de nuestra fuerza, estrategia y flexibilidad mental.

Martin Seligman, padre de la psicología positiva, nos ha enseñado la importancia de vivir la vida con optimismo. Define el optimismo como la predisposición a entender y a analizar la realidad desde su aspecto más positivo. Ser optimista te ayuda a avanzar y a no quedarte estancado ante las dificultades, inseguridades o miedos, a salir de tu zona de confort, a ser valiente y decidido. Además, la investigación ha demostrado que los pesimistas se rinden con más facilidad y se deprimen con frecuencia. ¿Todavía tienes dudas?

Tienes en tus manos un libro divertido y práctico que te permitirá cambiar tu estado de ánimo a través de dinámicas. **Manos a la obra.**

1

FORTALECE TUS EMOCIONES

Paciencia

Paciencia... la madre de la ciencia. Empiezo por este valor porque los cambios requieren de mucha paciencia.

¿QUÉ ES LA PACIENCIA?
La habilidad de mantener la compostura, la educacion, las buenas maneras y la serenidad mientras esperas.

Dado que vas a necesitarla en todo momento, por favor, **pinta ahora tu paciencia en una hoja aparte, recórtala y llévala siempre encima**. Trata de que sea una paciencia divertida, de la que apetezca hacerse amigo. Mira esta a ver qué te parece. Y si te apetece, por favor, comparte tu paciencia en las redes sociales y cuéntanos en qué te está ayudando.

Llevarla encima será una manera de comprometernos con este valor. ¡¡No puedes comportarte de forma impaciente e impulsiva si llevas siempre contigo a tu paciencia!!

Ahora piensa,

¿en qué actividades sueles perder la paciencia?

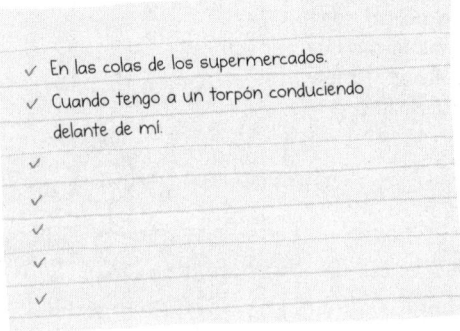

✓ En las colas de los supermercados.
✓ Cuando tengo a un torpón conduciendo delante de mí.
✓
✓
✓
✓
✓

Es importante tomar conciencia de los momentos en los que **perdemos** la paciencia para poder prevenirlos.

A continuación, planifiquemos tu entrenamiento paciente. Elige activi-dades en las que decidas ser paciente a partir de ahora y escríbelas en esta hoja de ejercicio.

MIRA ESTE EJEMPLO
DE OTRA PERSONA A
VER SI TE INSPIRA:

✔ Quiero ser paciente con mis hijos y no levantarles la voz cuando no me obedezcan a la primera.

✔ Cuando me siento a la mesa, quiero comer despacio y disfrutar de la comida.

✔ Cuando llamo a alguien que necesito y no me coge el teléfono, trataré de no enfadarme.

✔ En cualquier cola, me da mucha rabia ver cómo la otra va más rápido.

Y durante el día vamos a verbalizar alto y claro:

¡SOY PACIENTE, MUY PACIENTE, TREMENDAMENTE PACIENTE!

Las etiquetas condicionan nuestra forma de actuar. Así que cuanto más te lo repitas, antes empezarás a actuar así.

2

FORTALECE TUS EMOCIONES

Valores

A lo largo del capítulo, o de lo que hayas leído en alguno de mis libros, te habrás dado cuenta de que los **valores** se convierten para mí en un eje transversal. Les doy mucha importancia. Creo que son los cimientos de una vida sana, plena y honesta. Por ello te animo a definir cuáles son los tuyos y a comprobar si estás viviendo conforme a lo que es importante para ti.

Haz una lista de diez valores con los que te gusta identificarte, que te representen. Si alguien estuviera hablando bien de ti en estos momentos, ¿qué te agradaría que dijera de ti? Que eres generoso, humilde, trabajador, empático, servicial...

No tengas miedo a anotar valores que no estés practicando en este momento. Se trata de poder tener claro con qué te gusta identificarte y empezar a practicarlo.

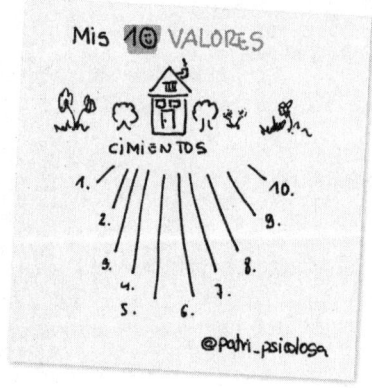

Una vez escrito, pégalo, por favor, en la libreta que tenemos para trabajar. Y haz un repasito por la noche. Comprueba situaciones y personas con las que hoy hayas puesto en práctica tus valores. Disfruta de ti por ser como tú deseas ser.

¿Y qué ocurre si no estás poniendo alguno en práctica? Pues no pasa nada, pero puedes cambiarlo. Escribe bien grande y en color el valor al que deseas dedicarle especial atención durante un tiempo. Por ejemplo, flexibilidad. Póntelo en un lugar visible y anticípate a tu día.

Si no lo consigues en el momento, **¡no te preocupes!** Ahora estás programado para este hábito. Así que, en cuanto puedas, dedica tiempo a escribir la alternativa flexible que sobre la marcha no se te ha ocurrido. Así entrenaremos al cerebro a dar otras respuestas que tarde o temprano también se convertirán en tu nuevo hábito.

Puedes hacer este ejercicio con todos los valores que ahora mismo no estés representando. Pero de uno en uno, ya sabes que **un exceso de autocontrol arruinaría el cambio**.

Te dejo una variante de este ejercicio para realizar en familia:

Busca un momento en el que tu pareja e hijos no tengan prisa. Puedes aprovechar una cena del fin de semana. Pídele a cada uno que redacte sus **diez valores más importantes** y que facilite la convivencia en la familia. Si tus hijos son muy pequeños como para saber qué son los valores, puedes escribir veinte valores en fichas individuales y ponerlos encima de la mesa para que cada uno elija los suyos. Explícales brevemente por qué son importantes.

Una vez escritos los diez valores de cada miembro, ponedlos en común. Primero anotad aquellos en los que coincidís todos y luego tratad de llegar a un consenso para completar doce, uno por cada mes del año. A continuación, coge una cartulina grande y cuélgala en un lugar visible. El día 1 de cada mes, anota el primer valor en la cartulina. Pídeles que cada vez que se comporten honrando ese valor, anoten en la cartulina qué hicieron. Y anima a la familia a leer lo que cada uno escribe y a felicitaros por ello.

FORTALECE TUS EMOCIONES

La mejor manera de hacer grande a tu equipo es hacerte grande tú mismo ☺

Todos tenemos un equipo a nuestro alrededor. Un equipo con tus hijos, el equipo que formas en pareja, el equipo de trabajo, el equipo con tu mascota. Solemos ningunear nuestro tiempo pensando que el tiempo del equipo es más importante que el nuestro. Así nos sentimos «buena gente», serviciales, buenos padres y madres... pero ¡la mejor manera de hacer grande a tu equipo es hacerte grande tú mismo!

¿Qué necesita tu equipo de ti? No siempre coincide lo que tú das con lo que el equipo necesita. Solemos dar en función de lo que creemos que es importante, de lo que nos gustaría que nos dieran a nosotros, pero no siempre coincide con las necesidades de los demás. Haz la siguiente prueba: trata de contestar a lo que crees que necesita tu entorno y luego pregúntales a ellos. Te sorprenderá porque no siempre coincide. Estas son las respuestas de una mujer de 48 años a la que pedí permiso para publicar sus respuestas de forma anónima:

LO QUE YO CREO QUE NECESITAN DE MÍ (MIS HIJOS):

- ✓ Más tiempo.
- ✓ Que les compre el último modelo de iPhone.
- ✓ Que les deje llegar más tarde.
- ✓ Que les compre más ropa.

LO QUE YO CREO QUE NECESITA MI PAREJA DE MÍ:

- ✓ Más relaciones sexuales.
- ✓ Más amor, nunca le digo lo que siento por él.
- ✓ Que me cuide más, últimamente estoy muy dejada.

A continuación pide a los tuyos que elaboren su lista, y compara:

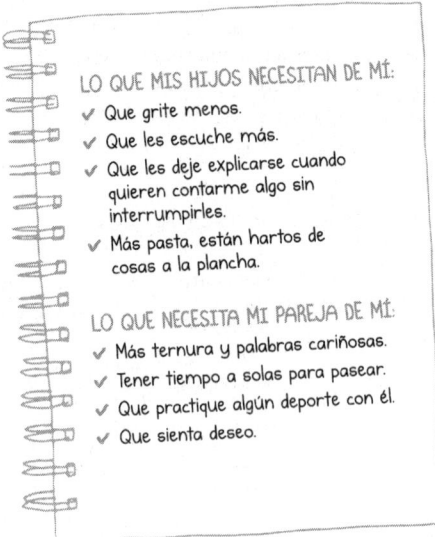

LO QUE MIS HIJOS NECESITAN DE MÍ:
- ✓ Que grite menos.
- ✓ Que les escuche más.
- ✓ Que les deje explicarse cuando quieren contarme algo sin interrumpirles.
- ✓ Más pasta, están hartos de cosas a la plancha.

LO QUE NECESITA MI PAREJA DE MÍ:
- ✓ Más ternura y palabras cariñosas.
- ✓ Tener tiempo a solas para pasear.
- ✓ Que practique algún deporte con él.
- ✓ Que sienta deseo.

Deja que opinen sin reprocharles nada. Imagina que tus hijos te contestan: «Más tiempo de juego, mamá». No les contestes: «¿Cómo que más tiempo de juego, si juego con vosotros todo lo que puedo?». Estamos preguntando por lo que piensan y seguro que no va a coincidir con lo que piensas tú. Una vez que tengas las respuestas de todos, vete grupo por grupo, sin reproches, pidiendo soluciones a lo que te demandan si tú crees que es viable y te apetece ese cambio. Si fuera algo imposible como «que me dejes salir hasta las dos de la mañana» y no tienen edad, diles que hay normas que saben que no son negociables.

Lo mejor es **pedir cinco cosas que necesiten de ti**, y que tú elijas por dónde empezar a cambiar. Pídeles que cada vez que noten tu cambio, te den el feedback para reforzar este cambio.

Anota aquí el primer cambio y la solución:

Empiezo por ESCUCHAR mejor,
con más ATENCIÓN.

- Me sentaré con ellos en lugar de seguir recogiendo la cocina.
- Dejaré que se expresen por completo.
- Les preguntaré en qué puedo ayudar.
- Preguntaré si quieren oír mi consejo.
- Trataré, no lo prometo, de no hacer juicios de valor.

Sería genial que, si tú te comprometes a hacer cambios que mejoran las relaciones personales, los demás miembros del equipo se comprometieran a realizar lo mismo.

¿Jugamos con los números para ponernos retos?

Cuando trabajaba en el cuerpo técnico de equipos deportivos, me gustaba, los diez últimos partidos, hacer la cuenta atrás. Cada semana elaboraba una presentación con el número 10, 9, 8... y así hasta el 1 y fin de la temporada. Para conseguir que la charla fuera atractiva, buscaba asociar el número con alguna película o algún hecho histórico relacionado con ese número. Por ejemplo, el día que hablé del número 6, a falta de 6 partidos para acabar, les puse cortes de la película *Los intocables de Eliot Ness* porque hicieron falta **6 valores** como la inteligencia, la creatividad, la perseverancia, el trabajo, la tolerancia a la frustración y el atrevimiento para alcanzar el objetivo de encarcelar al mafioso.

¿JUGAMOS A LOS NÚMEROS NOSOTROS?

Elige un número del 1 al 10 y **tres actividades** que vas a realizar con ese número hoy. Mira mi ejemplo. Yo elijo el...

7

Si te ves muy agobiado con el reto, coge un número bajo, el 2, el 3. No me seas minimalista y cojas el 1. Pero si te ves con fuerza, tira del 5 para arriba. **¡Seguro que eres capaz!**

PRIMER RETO CON EL 7:

Voy a decir a lo largo del día 7 veces «con mucho gusto» para tratar de ser más amable.

Anota aquí a quién se lo has dicho y cómo crees que se pudo haber sentido; por ejemplo, a un compañero de trabajo que te ha pedido que le reenvíes un correo que él ha perdido, dile que lo harás «con mucho gusto».

SEGUNDO RETO CON EL 7:

Voy a beber 7 vasos de agua, que me cuesta la vida hidratarme.

TERCER RETO CON EL 7:

Voy a leer 7 párrafos en inglés a lo largo del día.

Este objetivo parece tremendo, pero 7 párrafos no tienen por qué ser muy extensos. Un párrafo es un párrafo. Piensa en qué lugares puedes leerlos.

¿Te atreves?
¡VAMOS CON EL RETO!

5

FORTALECE TUS EMOCIONES

Actúa
como si...

William James, el padre de la psicología funcional, dijo: «**Si desea tener una cualidad... actúe como si ya la tuviera**». Y esto tiene una explicación muy sencilla. Nuestra propiocepción, nuestra forma de movernos y de comportarnos, están continuamente informando a la mente. El cerebro interpreta: **si mi cuerpo está en esta postura o me muevo de una forma determinada, es que me debo de sentir así y soy así.**

Se trata de comportarnos como si fuéramos lo que deseamos ser. ¿Qué cualidad echas de menos, qué anhelas tener a la hora de comportarte? Igual más seguridad, más simpatía, quizá amabilidad, sentido del humor, menos desconfianza, más paciencia... Todos deseamos alguna cualidad que no poseemos.

Hay varios estudios que lo demuestran:

El estudio del lápiz de Fritz Strack et al.

Pidieron a dos grupos de personas que observaran las tiras cómicas de Gary Larson, *The Far Side*, y dijesen lo divertidas que les parecían y lo felices que se sentían. Un grupo observaba las tiras sosteniendo un lápiz entre los dientes imitando una sonrisa y otro lo sostenía con los labios, frunciendo el ceño. Los participantes que fingían la sonrisa sosteniendo el lápiz entre los dientes, vieron la viñeta más cómica que los participantes que simulaban cara de enfado sosteniendo el lápiz con los labios.

En el estudio de Tomi-Ann Roberts

trabajaron con la postura corporal. Se pidió a dos grupos de personas que durante 3 minutos se sentaran en una silla, unos rectos y otros medio recostados. Después les pidieron que resolvieran una prueba de matemáticas y evaluaron su estado de ánimo. Los que se sentaron rectos estaban más contentos y obtuvieron mejores resultados en la prueba.

Eres un actor o una actriz y tienes la oportunidad hoy de vivir el día a tu manera. Elige en quién te vas a convertir. Tu papel cinematográfico dependerá de las demandas de tu jornada. Si hoy es lunes y tienes una reunión tensa, igual eliges convertirte en la abogada decidida y luchadora, Alicia Florrick, de *The Good Wife*.

Describe a tu personaje y, si puedes, acompáñalo del vestuario y maquillaje adecuados. Ensaya un poquito y a por ello.

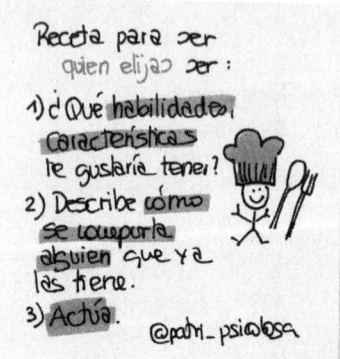

Bendita resiliencia

La resiliencia es la capacidad que desarrollan muchas personas para salir adelante a través de sus recursos después de haber sufrido un golpe duro. Bendita resiliencia, porque gracias a esta habilidad somos capaces de avanzar, de superarnos, de volver a tener ilusión y seguir creyendo en nosotros y en la humanidad. Sin resiliencia nos quedaríamos en el camino, deprimidos, desnudos ante la adversidad. La resiliencia nos convierte en superhombres y supermujeres que, sin rencor y sin odio, somos capaces de reinventarnos.

Tú también eres resiliente... y si no lo sabes ahora, ya lo verás. Sabemos que una persona tiene resiliencia cuando reúne parte de estos puntos:

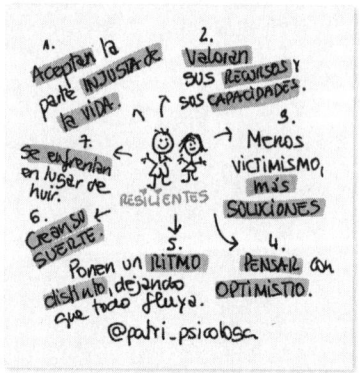

Tú has sido muchas veces resiliente y triunfador, ¿te acuerdas de cómo lo conseguiste? ¡Analicemos!

«El hombre que se levanta es aún más fuerte que el que no ha caído.» Viktor Frankl

Lista de las veces en que me he venido arriba después de un bache:

1. Superé un amor de la universidad. Pensé que era imposible vivir después de lo mal que lo pasé.

2. Metí la pata en un trabajo de contabilidad y pensé que el cliente no me lo perdonaría nunca.

3.

4.

5.

6.

7.

8.

Y ahora analicemos, una a una, tus cualidades. ¿Qué te permitió ser resiliente?

Superé un amor de la universidad:

✔ Saliendo mucho con mis amigos.

✔ Haciendo ejercicio.

✔ No mandándole mensajes.

✔ Tirando todo lo que tenía de él/ella.

✔ Soportando el dolor, llorando y dejando que las emociones se fueran pasando.

¡PACIENCIA!

Todos merecemos una nueva oportunidad, una vida en la que ser felices. Piensa por qué la mereces, por qué deberías **entrenar los siete puntos** de la resiliencia:

Y recuerda la frase de **Rocky** a su hijo:

«Hay que soportar sin dejar de AVANZAR. Si sabes lo que vales, ve y consigue lo que mereces, pero tendrás que SOPORTAR los golpes de la vida.»

Y así es, <u>no hay vida sin obstáculos</u>, sin golpes, sin caídas. Para eso inventaron las soluciones, el venirse arriba y aprender de lo que sufrimos.

7

FORTALECE TUS EMOCIONES

Entrena tu creatividad

¿Necesitas soluciones nuevas? Pues entrenemos la creatividad.

«Si quieres resultados distintos, no hagas siempre lo mismo.»
Albert Einstein

A menudo nos ofuscamos buscando la solución a un problema. Analizamos y volvemos a analizar, nos bloqueamos, nos ponemos nerviosos y, en muchas ocasiones, tiramos la toalla. El problema no está en la falta de soluciones, que sí las hay. El problema viene de analizar y buscar siempre desde el mismo prisma, los mismos valores, la misma experiencia, la misma dinámica.

Existen miles de soluciones que no se nos pasan por la cabeza porque no estamos entrenados para ser creativos. Todos podemos serlo, pero a partir de la adolescencia y la edad adulta perdemos esta habilidad. La verdad es que la creatividad tampoco se premia ni se potencia en nuestro sistema educativo. Y, ya sabes, lo que no se refuerza tiende a perderse.

Te dejo aquí **tres propuestas** para entrenar tu creatividad:

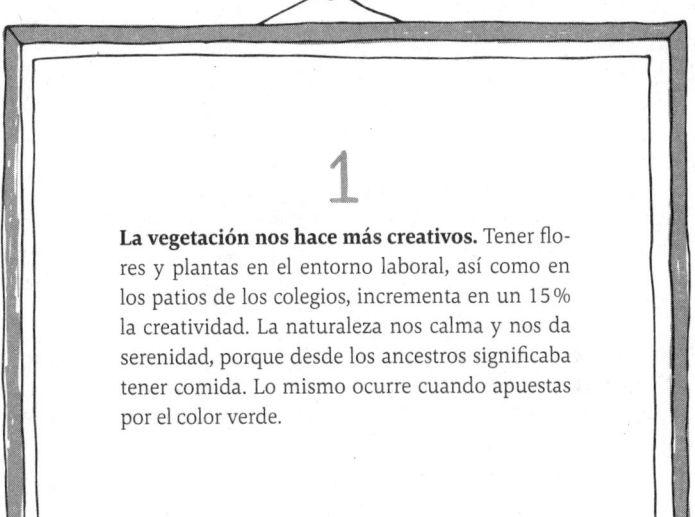

1

La vegetación nos hace más creativos. Tener flores y plantas en el entorno laboral, así como en los patios de los colegios, incrementa en un 15% la creatividad. La naturaleza nos calma y nos da serenidad, porque desde los ancestros significaba tener comida. Lo mismo ocurre cuando apuestas por el color verde.

Elabora una lista de cambios vegetales que puedes realizar en tu entorno:

CAMBIOS VEGETALES:
-
-
-
-
-
-
-
-

¿QUÉ MÁS SE TE OCURRE?

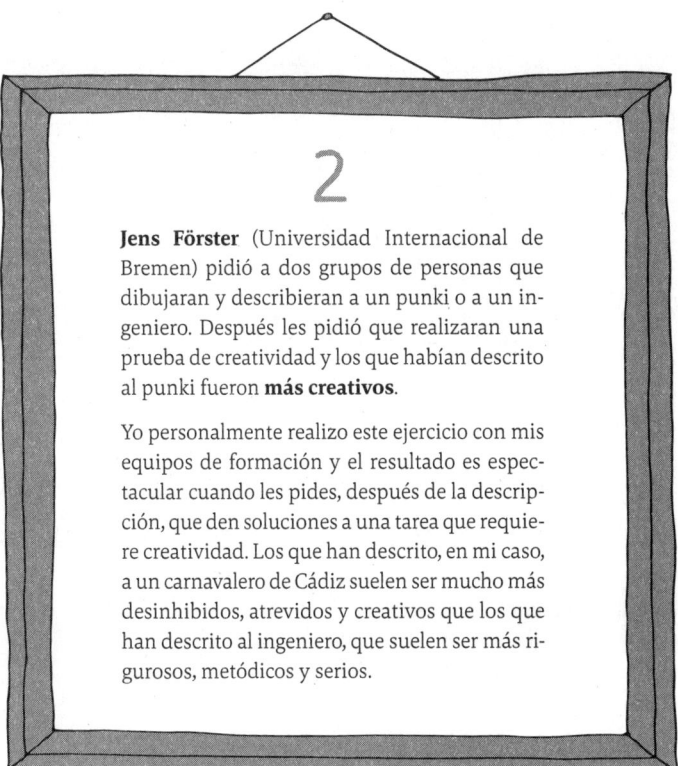

2

Jens Förster (Universidad Internacional de Bremen) pidió a dos grupos de personas que dibujaran y describieran a un punki o a un ingeniero. Después les pidió que realizaran una prueba de creatividad y los que habían descrito al punki fueron **más creativos**.

Yo personalmente realizo este ejercicio con mis equipos de formación y el resultado es espectacular cuando les pides, después de la descripción, que den soluciones a una tarea que requiere creatividad. Los que han descrito, en mi caso, a un carnavalero de Cádiz suelen ser mucho más desinhibidos, atrevidos y creativos que los que han descrito al ingeniero, que suelen ser más rigurosos, metódicos y serios.

Cuando te encuentres en una situación en la que necesites soluciones creativas, abre tu mente. Idea algo alocado, divertido, fuera de lo normal. Fantasea. Y luego, vuelve a la tarea que requería creatividad.

3

Busca soluciones a un problema desde un ambiente y una decoración distintos. Si siempre te sientas a la mesa de tu despacho o a la mesa de reuniones y te quedas allí, el cerebro se acostumbra a pensar desde ese control estimular. Sal con tu equipo a dar un paseo por el parque más cercano, camina, baila y observa cómo reacciona tu cerebro.

<u>**Piensa en distintos escenarios**</u> en los que puedas salir a pensar. Tener una lista de antemano evitará que te pongas la excusa de «no caí» o «no se me ocurrió adónde ir».

8

FORTALECE TUS EMOCIONES

Una de fracasos, por favor

Parece incoherente, pero si aprendiéramos a fracasar, tendríamos más éxito y serenidad en nuestra vida. **No sabemos lidiar con el fracaso.** De hecho, lo gestionamos realmente mal. Cuando fracasamos, tendemos a pensar que fracasa la persona, no el proyecto. Y esto daña y debilita nuestra autoestima. Por ello solemos adoptar dos posturas que nos afectan negativamente:

①
Ser PERFECCIONISTAS, tratando así de no equivocarnos. ¡¡Es completamente IMPOSIBLE!! Tenemos que fallar.

@patri_psicologa

②
Huir de los COMPROMISOS. Huimos de la novedad, de los retos, de actualizar la tecnología. ¡No queremos perder, por eso no apostamos a ganar!

@patri_psicologa

El perfeccionismo y la huida nos limitan; impiden que seamos valientes. Redactemos una lista dedicada al fracaso. Yo empiezo con mi propuesta. Anímate a continuarla. Puede que nos lleve a normalizarlo; incluso, un día, a amarlo.

I ♡ FRACASAR

Cuando fracaso:
- Aprendo
- Fomento mi creatividad
- Busco soluciones
- Soy más humilde
- Consigo superarme
- Salgo de la zona confortable
- Soy mejor

@patri_psicologa

Y tú, ¿cómo complementas mi lista?

ATRÉVETE Y COMPÁRTELA EN TUS REDES PARA QUE TODOS PODAMOS SENTIRNOS MEJOR CUANDO COMETAMOS ERRORES.

CUATRO CONSEJITOS PARA LIDIAR CON EL FRACASO:

El error es no intentarlo

Ahí es donde reside el verdadero fracaso. ¿En qué te estás equivocando tú?, ¿qué estás dejando de intentar?

Sucede

Sucede, el fracaso sucede. Sin más machaque. Este es el mantra para la próxima vez que ocurra. En lugar de darle vueltas a la cabeza y rumiar, solo dite a ti mismo: «sucede».

Eres tu amigo, no tu enemigo

¿Cómo tratas los errores de las personas que quieres, que respetas, a las que tienes cariño? Con delicadeza, motivando, restando importancia al error para que no se hundan. Los quieres y deseas que se sientan bien. ¿No te quieres a ti mismo, no deseas animarte y motivarte para estar preparado? ¿O tú mereces un trato peor? ¿Mereces hundirte? Trátate con el mismo respeto que merecemos todos. Y hazlo por una sencilla razón: cuando te tratas mal, te bloqueas, te sientes inseguro y te debilitas. Así que no hay ninguna razón para ser duro contigo mismo.

Busca soluciones, no reproches

Como hemos visto, el fracaso invita a realizar lo que estabas buscando pero de forma diferente. **Un fracaso es una invitación a pensar de manera distinta.** Es cierto que no siempre hay soluciones; a veces debemos aceptar que un proyecto se trunca y que no pasa nada por ello. Uno se vuelve a levantar y a implicarse en otra cosa.

9

FORTALECE TUS EMOCIONES

¿Te cuesta iniciar una conversación con gente desconocida?

Conocer gente nueva **puede ser un factor importante de estrés** o una gran satisfacción. Hay personas que se ven poco hábiles ante aquellos que no conocen. Pero el mundo nos ofrece enormes oportunidades que, si no sabemos aprovechar por no saber cómo interactuar, igual pasan de largo. Son innumerables las ocasiones en las que podríamos ampliar nuestro círculo de conocidos y, quién sabe, algún día pueden convertirse en amigos: reuniones de trabajo, congresos, viajes en tren, fiestas de otros amigos, etc.

Si eres de los que sí saben qué decir pero deciden no hacerlo, chapó. Pero si eres de los que pierden el rato pensando «lo digo, no lo digo, me acerco o paso, quedaré como un pringado o le caeré bien a Fulanito», entonces, sigue estos consejos:

1.

Sonríe, siempre sonríe.
Ahora ya tienes la puerta abierta. Solemos acercarnos y sentirnos cómodos con la gente que sonríe.

2.

Preséntate, sin más florituras:
«Hola, soy Gabriel, de la empresa X. Me está gustando mucho el congreso, ¿a ti?». Lo normal en estos casos es que te den la mano y también se presenten.

3.
Utiliza el tema común para sacar conversación. El tema que tenéis en común es el motivo de trabajo, la temática del congreso, la fiesta de amigos, etc.

4.
Si escuchas con atención, podrás sacar información sobre lo que preguntar a continuación. Es decir, estate atento a lo que la persona contesta y a la información con la que sigue interactuando contigo.

5.
También puedes interesarte más por la persona: «¿De qué ciudad vienes?», «¿Cómo lo estás pasando?», «¿Te quedas solo al congreso o vas a disfrutar del fin de semana aquí?».

6.
No saques temas imprudentes, delicados o hagas preguntas íntimas. Mucho menos cuando inicias una relación con alguien desconocido.

7.

No alargues mucho la conversación salvo que tengas la impresión de que las partes están a gusto. No se trata de ser pesado y de que el otro tenga la sensación de que el momento no tiene fin. Agradece el rato que habéis charlado y despídete: «Gracias, un placer haberte conocido».

8.

Deja que el otro sea protagonista. A muchas personas les gusta hablar de sí mismas.

Lo mejor que puedes hacer es anticiparte a este tipo de situaciones si sabes que te generan ansiedad. Piensa en qué oportunidad de interaccionar vas a tener en las próximas semanas y hazte un esquemita. Igual que te digo que sonrías para iniciar la relación, también te digo que te acerques a personas que parezcan amigables. No te dirijas a alguien que parezca muy serio, enfadado, a quien discute con otro o a quien mantiene una conversación privada (es fácil detectarlo, suelen tener entre ambas personas un círculo cerrado).

Anticipa, visualiza, fantasea

El profesor de psicología y neurociencia de la Universidad de Stanford Brian Knutson, en uno de sus experimentos, llegó a la conclusión, tras medir y comprobar el flujo de oxígeno que llega a la parte derecha del cerebro, de que las personas sentimos más placer y felicidad cuando fantaseamos y anticipamos una compra que con la propia adquisición de lo que compramos.

Esto no significa que a partir de ahora vivas de fantasías y no te regales esos zapatos que te chiflan o tengas tus caprichos. Pero sí que podemos alargar el disfrute tanto antes como después. ¿No recuerdas como mucho más placentera aquella vez en que estuviste planificando, ahorrando, pensando cómo sería tu vida cuando tuvieras lo que tanto anhelabas que cuando hiciste una compra compulsiva que apenas pensaste? Porque en la primera situación estuviste fantaseando más tiempo, recreándote en emociones, viviendo con intensidad.

¿QUÉ PODEMOS ANTICIPAR?

- Una reunión de trabajo
- Una cita
- Una charla
- El disfrute de la playa
- Sentir cómo corres
- Una tarde de compras

Ahora prueba tú, ¿con qué podrías recrearte? Y esto funciona tanto para las compras como para cualquier otra experiencia. Déjate llevar por la planificación mental y el disfrute. Y también por recuerdos maravillosos que tienes archivados. ¿De qué recuerdos te gustaría seguir alimentándote?

HAZ TU LISTA:

PARA DISFRUTAR DE LA VISUALIZACIÓN, SIGUE ESTOS PASOS:

MIS ÚLTIMAS VACACIONES

- Busca un lugar tranquilo en el que no puedan molestarte. Es tu momento.

- Silencia tu teléfono móvil. ¡Sería una pena que en medio del disfrute te interrumpiera una llamada!

- Ponte cómodo y cierra los ojos.

- Empieza a colocarte en la escena. Pongamos, por ejemplo, que estamos recordando unas vacaciones maravillosas en pareja.

- Primero recuerda el lugar de destino, en general, cómo es la ciudad. Y luego ve centrándote en detalles: colorido, temperatura, olores.

- Poco a poco, ve yéndote al lugar que deseas, como puede ser esa cena maravillosa.

- Y empieza a recrearte en los detalles: su mirada, lo que tomasteis, los sabores, la conversación, las risas, la complicidad.

- Siente cómo vuelves a sentir y a emocionarte.

- Cuando tú lo decidas, sal poco a poco del lugar y recuerda dónde estás.

- Si te has relajado mucho, no te levantes de golpe del sofá.

11

FORTALECE TUS EMOCIONES

Esperanza

Tener esperanza es creer que el destino puede cambiar. Es confiar en que se va a tener suerte. Es estar convencido de que hay soluciones. Es un sentimiento positivo relacionado con la espera. **¿Para qué nos sirve la esperanza?**

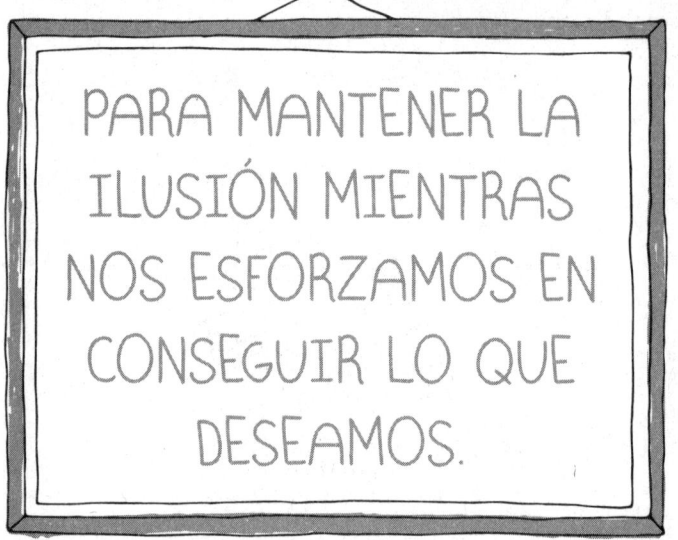

PARA MANTENER LA ILUSIÓN MIENTRAS NOS ESFORZAMOS EN CONSEGUIR LO QUE DESEAMOS.

Y es que los premios, las metas, los proyectos o esa persona que deseas, no llegan siempre cuando tú quieres, sino cuando es el momento o cuando se alinean una serie de variables que no solo dependen de ti.

Seligman, el padre de la psicología positiva, la definió como «el estudio científico de las experiencias positivas, los rasgos individuales positivos, las instituciones que facilitan su desarrollo y los programas que ayudan a mejorar la calidad de vida de los individuos, mientras previene o reduce la incidencia de la psicopatología». Esperanza y psicología positiva van de la mano, porque cuando perdemos la esperanza, perdemos la motivación, las ganas y la fuerza de seguir esforzándonos por algo.

PREPAREMOS LA HOJA DE RUTA:

1.
¿QUÉ SIGNIFICA PARA TI TENER ESPERANZA?

¿Qué ventajas tendrías si desarrollaras la capacidad de esperar cosas buenas? Hay personas que piensan que esperar al amor de su vida es cosa de un año y otros que esperan toda la vida.

Mis VENTAJAS de tener...

ESPERANZA

@patri_psicologa

2.
¿QUÉ CAMBIOS NECESITAS EN ESTE MOMENTO?

Más paciencia, ilusionarte con el resultado final de lo esperado...

CAMBIOS QUE NECESITO DAR:
(ahora escribe tú):

CAMBIOS QUE NECESITO DAR:

- Confiar más en el médico que me está tratando.

- No escuchar tanto a la gente ni leer cosas en internet.

- Ver el vaso medio lleno, enseguida me ofusco con todo lo negativo que puede pasar.

- Desarrollar mi paciencia.

3.
NECESITAS CONTAR CON ALGUIEN.

Los grupos de ayuda permiten empatizar con problemas similares en situaciones similares. Igual no encuentras ahí soluciones, pero sí consuelo. Elige profesionales en los que confíes y con los que te sientas cómodo.

4.
ELABORA UN PLAN.

Elabora un plan para las necesidades que debes desarrollar escritas en el **punto 2**. ¿Cómo, cuándo, dónde?

5.
SÉ CREATIVO.

Busca soluciones distintas y, si no se te ocurren a ti, pregunta a otras personas.

6.
¿QUÉ PARTE?

¿Qué parte de tu esperanza es controlable y cuál no lo es?

7.
MIENTRAS ESPERAS, AYUDA.

Involucrarse en asuntos desinteresados y altruistas, además de poner el foco de atención en lo que suma, hará que mejore tu estado anímico.

Tengo dos poetas favoritos, Pablo Neruda y Antonio Machado. Y de Machado hoy me quedo con este verso: «**Hoy es siempre todavía**»; es maravilloso para definir la esperanza.

«HOY ES SIEMPRE TODAVÍA.»

Antonio Machado

Bienvenido a tu punto de no retorno

El punto de no retorno es el momento a partir del cual el desencadenante es inevitable, aun antes de producirse. Ya sea porque la vuelta atrás es físicamente imposible, como puede ser un salto desde el trampolín a la piscina, o porque hacerlo sería prohibitivamente caro, peligroso o impensable, como puede ser abandonar tu carrera universitaria faltándote una asignatura por aprobar el último año del grado. Este término también se utiliza cuando la distancia o el esfuerzo requerido para regresar serían mayores que el resto del viaje o la tarea emprendida. En palabras sencillas:

El PUNTO DE NO RETORNO es ese momento en el que ya NO TIENES vuelta atrás.

Pocas veces la vida te ofrece situaciones con un punto de no retorno, y menos mal que es así, porque sería angustiante vivir sin un plan B, todo el día al borde del precipicio. Pero, de vez en cuando, no está mal tener la actitud del que no tiene un punto de retorno. **¿Por qué?**

Porque
saber que no puedes
equivocarte, que solo tienes
UNA OPORTUNIDAD,
como puede ser el examen de
una oposición, permite estar
más atento, concentrado y
dirigir todo tu esfuerzo a
una misma actividad.

CUANDO NO HAY PLAN B, TODO ESTÁ PUESTO EN EL PLAN A

Vivir siempre así sería agónico pero, en ciertas dosis, nos enfoca, agiliza y saca nuestro potencial. Tu vida y la mía tendrán pocos puntos de no retorno, de hecho no sé si ahora recordarás alguno. Pero sí es cierto que, aunque la vida no te dé un ultimátum o no te presione, tú puedes decidir ponerte ese punto de no retorno con algunos objetivos.

Si eres de los que se agobian solo con pensarlo, empieza por ponerte un punto de no retorno con algo muy sencillo. Se me ocurre el ejemplo de «no volver a tocar el claxon en el coche salvo en caso que pueda evitar un accidente». Ponte una señal visual que te facilite el cambio. A partir de hoy, esta conducta de tocar el pito y atosigar al personal cuando hay tráfico, no existe.

Situaciones más difíciles que requerirían un punto de no retorno podrían ser:

✔ No volver a llamar a un ex que te ha dicho que le dejes en paz, que no está interesado en ti y que no desea volver contigo.

✔ Acabar alguna formación que llevas arrastrando años y con la que has mantenido una relación tóxica.

✔ Dejar de fumar.

✔ No faltar al respeto a los demás.

✔ Conducir cumpliendo las normas de seguridad.

¿Te atreves con un reto mayor?
¿Te atreves a definir tu punto de no retorno?

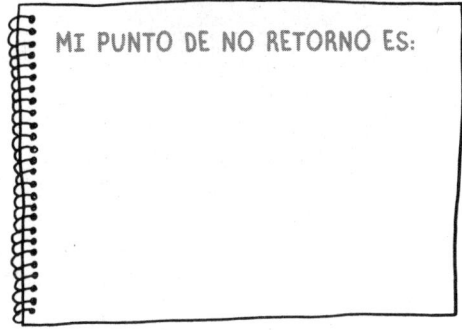

MI PUNTO DE NO RETORNO ES:

Ahora contémplalo. No tires de fuerza de voluntad, no elabores un plan, no hagas nada. Lo que acabas de escribir ya no está en tu vida, no existe.

Pero si alguna vez tuvieras dudas, dile a tu mente:

Y no te enredes con tus pensamientos, no les des palique, no des rienda suelta a las excusas. **Solo hay un plan A.**

13

FORTALECE TUS EMOCIONES

Hoy
salimos
a <u>VIVIR</u>

Plantéate esta reflexión:

Si saliera hoy a VIVIR, entendiendo VIVIR como algo más que respirar, comer y dormir, como algo que nos permite disfrutar, sentir y tener una vida plena, ¿qué haría hoy?

No me contestes a la pregunta con generalizaciones del tipo «sería libre de expresarme sin que la opinión de los demás me condicione», «comería mejor», «no sufriría tanto». Estos deseos son generales, a largo plazo, poco específicos, poco medibles o poco repetibles. Trata solo de contestar con algo muy concreto, o mejor dicho, con tres acciones muy concretas.

Mira mi ejemplo:

Si saliera hoy a VIVIR:

1) Me tomaría ~~un café~~ a solas en una terraza mientras veo la gente pasar.

2) Estaría muy ~~atenta a las batallas de mis hijos~~.

3) ~~Rotularía~~ más ~~post-it~~ con música de fondo.

@patri_psicolosa

Ha sido genial. Mientras escribía este apartado y rotulaba este post-it, tenía jazz de fondo y estaba haciendo lo mismo que me pedía para vivir un día pleno. Ha sido una experiencia maravillosa.

Si salieras hoy a VIVIR:

1)

2)

3)

@

Si pruebas a realizar este ejercicio por <u>la mañana</u>, antes de ponerte en marcha o mientras desayunas, verás cómo condicionas el día en esa dirección, en la de **VIVIR** de forma plena. Poco a poco, irás desarrollando pequeñas actividades que te mantendrán conectada con el presente y con tus emociones.

Cuando vives momentos de forma plena, los disfrutas, los conviertes en únicos y pasan a ser recuerdos para toda tu vida. Mucha gente pregunta cuál es el secreto de la felicidad. No se sabe. Pero sí conocemos cuáles son algunos de sus ingredientes. El psicólogo Tal Ben-Shahar, de la Universidad de Harvard, lleva años impartiendo un curso sobre felicidad al que acuden miles de estudiantes. Él ha detectado 13 claves que pueden hacerte llevar una vida feliz.

LAS 13 CLAVES PARA SER FELIZ DEL PROFESOR TAL BEN-SHAHAR

- Un buen desayuno te da energía para pensar positivamente y tener un día estupendo.
- Realizar diariamente 30 minutos de actividad física como antídoto a la tristeza y al estrés.
- Ser agradecido. Escribir diez cosas de las que nos sintamos agradecidos.
- Ser asertivo. Cuando te relacionas con asertividad, ganas en seguridad y autoestima.
- Gastar el dinero en comprar no da la felicidad, pero cuando lo haces en vivir experiencias, sí.
- Deja de postergar y actúa. Todo lo que dejas para otro momento, incrementa tu malestar y ansiedad.
- Sonríe, sé amable, saluda, sé educado.
- Lleva zapatos cómodos. Según el profesor, andar con zapatos incómodos nos pone de mal humor.
- Cuida tu postura corporal. Nuestra postura informa al cerebro de cómo nos sentimos. Adopta una postura de seguridad.
- Escucha música.
- Aliméntate y corre de forma saludable. Lo que comes es tu energía, tu gasolina.
- Arréglate, siéntete atractivo, gústate.
- Lleva un diario en el que pegues, escribas y recojas recuerdos bonitos.

14

FORTALECE TUS EMOCIONES

Los puntos fuertes de tu vida

A continuación vamos a recrearnos en nuestros puntos fuertes, porque pensar en ellos tiene varias ventajas. Una de ellas es:

REFORZAR LO QUE HEMOS REALIZADO DE FORMA CORRECTA Y QUE NOS HA LLEVADO AL ÉXITO Y, DE ESTA MANERA, TOMAMOS CONCIENCIA DE NUESTROS RECURSOS.

Una segunda ventaja es:

SENTIRNOS BIEN.

El hecho de retomar recuerdos positivos permite revivir la situación y sus mismas emociones. El cerebro no distingue entre ficción y realidad, así que cuando le permites que se recree en un pasado de éxitos, se ilusiona, se empodera y se siente más seguro.

Anota los acontecimientos positivos e importantes que te han marcado, tus éxitos, aquello de lo que te sientas orgulloso. No puedes registrar nada negativo, ni dramas, ni fracasos. Sé conciso: la fecha y las palabras que lo resumen.

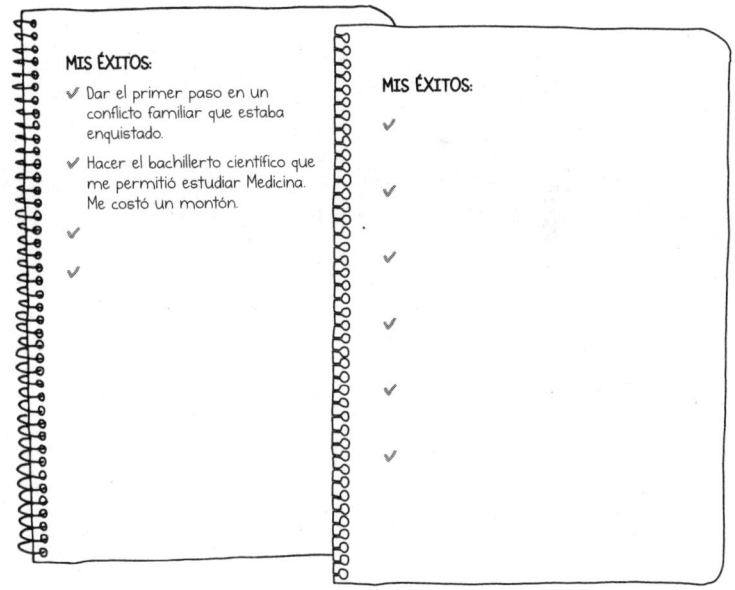

Mira un par de ejemplos de otra persona y luego elabora tu camino. No quieras realizar el ejercicio en media hora, dedícale toda la semana; haz memoria, no escatimes en palabras positivas y no confundas la humildad con no poder hablar bien de ti.

Ahora, reflexiona:

¿Qué VALORES tienen en común todos estos éxitos?, ¿qué hay de la persona que los consiguió?, ¿sigues siendo el mismo?

Busca para cada éxito tu valor, tu habilidad, aquello que te llevó a lograrlo, porque justo eso es lo que podrás repetir cuando te lo propongas.

Éxito ⟺ Valor

1) →

2) →

3) →

@patri-psicologa

Éxito ⟺ Valor

1) Conflicto familiar → ·Modestia ·Generosidad

2) Bachillerato científico → ·Perseverancia ·Valentía

@patri-psicologa

Y por último, vuelve a pensar:

¿Qué dicen esos puntos de ti?

Dicen que eres capaz, que tienes valores, habilidades y talento. Dicen que has podido enfrentarte a retos y conseguirlos. Muchos pacientes me dicen en la consulta que no tienen autoestima. Y cuando te pones a escarbar, se dan cuenta de que la imagen que tienen de ellos mismos es mucho mejor de lo que pensaban. Pero no se habían dado cuenta. ¿Por qué? Porque a veces no nos paramos a analizar, a mirar adentro, a saber qué somos y cómo lo hemos conseguido. Nos etiquetamos en función de un fracaso y generalizamos esa etiqueta al resto de los comportamientos y las actividades. Ni siquiera hace falta trabajar la autoestima con ellos en la mayoría de las ocasiones, porque con la simple reflexión y toma de conciencia es suficiente para que se den cuenta de lo maravillosos que son.

Por desgracia, una idea equivocada de lo que es ser humildes nos lleva muchas veces a no prestarnos atención, a no dar valor a lo que realizamos. Pensamos que hacerlo es arrogante, es de chulos. Y con ello perdemos la oportunidad de darnos cuenta de cuán valiosos somos. No tengas miedo a echarte flores, no son piedras, no pueden dañarte. Son suaves, ligeras, huelen bien y alegran cualquier ambiente. Échate flores, te las mereces.

15

FORTALECE TUS EMOCIONES

Despréndete

Regalar, tirar o desprenderse de lo que no necesitamos permite tener una vida con más huecos. Huecos que puedes rellenar o dejarlos vacíos. Se nos amontona la ropa, los pensamientos, las ofensas, los regalos que no nos gustan... Nos da miedo tirar. Pensamos que en algún momento podremos utilizarlos, que al desprendernos de ellos sentiremos nostalgia, que nos dará pena o que un día vendrá la suegra y te preguntará por sus copas de coñac y no sabremos qué decirle. Y esto es generalizable tanto a las cosas como a los recuerdos.

Durante una semana, vamos a dedicarnos a desprendernos de cosas. Y si puedes mantener la rutina de desprenderte cada día de algo que te sobra, verás qué ligero andas de equipaje dentro de un tiempo. Te sentirás libre, porque no desprenderte te ata. Te ata a un pasado, a unas emociones, a bienes materiales que no necesitas. Yo, cada año, a pesar de que ahora me cabe toda la ropa en el armario, incluso la de las dos temporadas, hago el siguiente ejercicio: si una prenda de ropa lleva más de tres años en el armario y no me la he puesto apenas o no me la he puesto nada, está nominada para salir del armario. Seguro que hay un montón de gente que le puede dar uso.

¿Te animas a desprenderte de cositas y de hábitos, poco a poco?

Hagamos un plan para los cinco días entre semana. Mira de lo que se desprendió una paciente mía:

LUNES

MARTES

Jabones hotel

¡¡ solo ocupan espacio!!
@patri_psicolosa

MIÉRCOLES

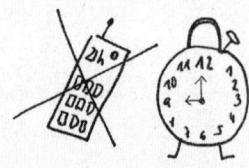

¡¡ No estoy disponible !!
@patri_psicolosa

JUEVES

2 vaqueros

¡¡5 años es TOO MUCH!!
~~Merecen jubilarse~~.
@patri_psicilosa

VIERNES

¡Muerte a la chocolatera!

+1Kg   +2Kg

+ un
estorbo más
a la cocina

+ comida
insana

@patri_psicilosa

¿Por qué no desprenderte de las cinco cosas de golpe, en un solo día?, ¿por qué dilatarlo durante toda una semana? Muy sencillo, porque hasta ahora no lo has hecho. ¿Para qué ponerte un objetivo que hasta hoy sabemos que no has cumplido? Desprenderte de cosas tiene una implicación física, supone ordenar y, además, un desgaste emocional: «Pero ¿de verdad que no voy a volver a utilizar estos vaqueros nunca más?». Un objetivo por día lo convierte en una actividad mucho más sencilla y llevadera. Así no tienes la sensación de estar arrasando con tu pasado.

16

FORTALECE TUS EMOCIONES

Pensamiento ganador

El pensamiento es determinante. Nos guía, nos enfoca, nos hace sentir. ¿Pensamiento ganador o pensamiento perdedor? Hay personas que antes de salir a competir, a una entrevista, a una cita, a vivir, ya han perdido. Salen derrotados porque sus palabras, su autohabla es derrotista, dubitativa, poco alentadora. Por el contrario, el pensamiento ganador no te asegura la victoria o el éxito, pero sí aumenta la probabilidad de conseguirlo. ¿Por qué? Porque cuando te hablas en términos exitosos, positivos, con fuerza, tu mente y tu cuerpo se convencen de tus palabras. Se creen lo que te estás diciendo y actúan con coherencia.

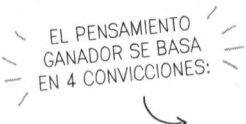

EL PENSAMIENTO GANADOR SE BASA EN 4 CONVICCIONES:

Pensamiento GANADOR

1. Sí es posible
2. Tengo con QUÉ
3. Lo voy a LOGRAR
4. Tengo el CONTROL

@patri_psicologa

SÍ ES POSIBLE

Cuando dices «sí es posible», decides apostar. Tienes fe en el proceso, en tu meta y en tus recursos. Mientras crees que es posible, tu objetivo continúa, siguen existiendo posibilidades. Creer es vital. No se trata de creer en lo que no es posible, como querer ser cantante profesional cuando no tienes nada de voz. Se trata de creer en tu talento, en tu trabajo, en que cada esfuerzo que hagas te acercará a la meta.

TENGO CON QUÉ

Representa la manera como consigues el «sí es posible». Porque existe un **«con qué»**, existe talento, valores, deseo, ganas, motivación. Estás convencido del valor que tienes. No tienes todo, pero sí lo suficiente para conseguirlo.

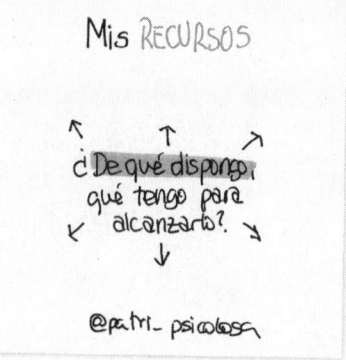

LO VOY A LOGRAR

Por encima de todo está tu fe, tu seguridad, tu convicción. Tú eres tu equipo. Para no desanimarte, es importante que verbalices contigo mismo en positivo. Orientándote a la meta.

En este paso puedes elaborar el plan, describir cada paso y visualizar tu resultado final.

Y buscar todo aquello que te vas a decir para mantener el ánimo.

TENGO EL CONTROL

Lo que diferencia a un perdedor de un ganador es que el ganador sabe que las cosas dependen de él. Somos los dueños de nuestras circunstancias, creamos oportunidades, buscamos soluciones. A esto lo llamamos tener un locus de control interno. Saber en qué medida son nuestros factores internos los que determinan el éxito y el fracaso. Si depende de ti, no hay lugar para la espera:

- **Ve y crea** la oportunidad.
- **Participa** para que las cosas salgan bien.
- Porque esto es **tuyo**.

17

FORTALECE TUS EMOCIONES

El ratio de Losada y las verbalizaciones positivas

Marcial Losada y su equipo de investigadores dedicaron un estudio a las relaciones que existían entre las verbalizaciones hacia los demás y el rendimiento y eficacia de un equipo de trabajo. Para ello se centraron en el análisis de 60 equipos en los que observaron cómo se dirigían entre sus miembros. Y llegaron a esta curiosa y sorprendente conclusión:

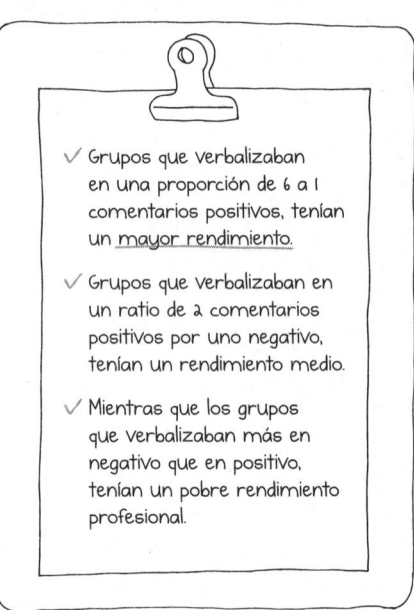

✓ Grupos que verbalizaban en una proporción de 6 a 1 comentarios positivos, tenían un <u>mayor rendimiento.</u>

✓ Grupos que verbalizaban en un ratio de 2 comentarios positivos por uno negativo, tenían un rendimiento medio.

✓ Mientras que los grupos que verbalizaban más en negativo que en positivo, tenían un pobre rendimiento profesional.

El feedback que recibimos de nuestros compañeros, amigos y entorno es fundamental para crecer con seguridad y autoestima. Cuantas más verbalizaciones positivas recibimos, mayor es el rendimiento del equipo de trabajo. Otros estudios confirman que para disfrutar de una relación de pareja feliz o de una relación de amigos feliz, necesitamos hacer cinco veces más comentarios positivos que negativos.

Y tú, ¿a qué ratio te acercas? Hacer memoria es complicado, porque dado que no le habrás prestado atención durante el día, tampoco sabrás cuánto feedback positivo has dado y cuánto negativo. Para orientarte un poco, te dejo algunas pistas de lo que es feedback positivo y de lo que es el negativo.

Feedback NEGATIVO	Feedback POSITIVO
✔ Todo lo haces mal.	✔ ¡Es brillante!
✔ Esta idea me parece desastrosa.	✔ Fantástica idea.
✔ No me gusta nada cómo te queda ese conjunto.	✔ Te queda genial, tienes un estilazo...
✔ Veo que te organizas fatal, así no hay manera de que consigas lo que te propones.	✔ Estás monísima esta mañana.
✔ ¡Qué barbaridad, menuda tontería!	✔ Acertarás, tengo el presentimiento.
	✔ Me encanta lo que has pensado.

No se trata de adular todo el día a la gente, ni de que lo negativo se deje de verbalizar, pero sí de prestar más atención a lo que a los demás les queda bien, a sus buenas ideas, a lo que hacen bien.

Trata de observar durante uno o dos días qué les **verbalizas** a los tuyos:

PAREJA

Feedback NEGATIVO	Feedback POSITIVO
✓	✓
✓	✓
✓	✓
✓	✓
✓	✓

HIJOS

Feedback NEGATIVO	Feedback POSITIVO
✓	✓
✓	✓
✓	✓
✓	✓
✓	✓

AMIGOS
Feedback NEGATIVO
Feedback POSITIVO

COMPAÑEROS TRABAJO
Feedback NEGATIVO
Feedback POSITIVO

Y ahora elaboremos el plan. No sé cuánto de descompensados te habrán salido los comentarios. Si eres de los que verbalizas más en positivo que en negativo, sigue haciéndolo. La gente que tienes alrededor debe de sentirse bastante agradecida por tenerte. Pero si eres de los que verbalizas más en negativo, si estás más pendiente de los fallos y de lo que no te gusta, cambia. Conseguirás más reciprocidad, más seguridad, más retorno y más cambios de los que te rodean.

Escribe en tu agenda el nombre de las personas a las que cada día vas a destinar comentarios bonitos y positivos, y hazlo.

Por ejemplo, hoy lunes:

- ✓ A mi **pareja**.
- ✓ A mi hija **Dora**.
- ✓ A mi compañera de trabajo **Adela**.
- ✓ A mi amiga **Ana**, suelo ser bastante desconsiderada con ella.

Anota debajo de cada persona aquello que le vas a decir. Y no te limites solo a lo escrito y planificado; piensa que, cuanto más agradable seas, mejor.

18

Practica el
agradecimiento ☺

«Para actuar, el que da, debe olvidar pronto, y el que recibe, nunca.» Séneca

Esta es una de mis frases favoritas. Vivimos en una sociedad materialista, consumista, ambiciosa e individualista. A pesar de mi tendencia a interpretar de forma benevolente el comportamiento de los demás, cada vez soy más consciente de que la gente va a lo suyo. Me doy cuenta de ello cuando veo tanto agradecimiento en mis redes sociales, cuando mis seguidores me dan las gracias por compartir. Y me extraña... y entonces comprendo que igual el resto de las personas comparte menos, miden mucho y llevan una hoja de cálculo en las relaciones personales. Si compartir fuera normal, no recibiría tantas «gracias por compartir» como recibo. Imagino que estaríamos más acostumbrados a pensar que esta es una conducta normal. «Gracias por compartir» es la expresión que más he leído en los comentarios que la gente me deja. Gracias a vosotros por darle valor a mis post-it.

El agradecimiento es uno de los valores más importantes dentro de la psicología positiva. Cuando te comportas con agradecimiento, también te conviertes en un observador positivo. Para poder agradecer necesitas saber con qué, y eso obliga a tu mente a estar pendiente de todo lo bueno que te ofrecen las personas y la vida. Es como tener un filtro, una lupa, que engrandece lo positivo para dejar de estar atentos a lo negativo.

Tratemos de cambiar el chip. Demos a los demás, simplemente, sin más ánimo que el de disfrutar de aquello que compartimos. Y trabajemos también la segunda parte de la frase de Séneca, agradezcamos al que nos da.

ASÍ QUE TENEMOS DOS TAREAS POR DELANTE:

1. Dar

Piensa en cómo te sientes cuando das sin retorno, cuando das de corazón, cuando de forma consciente piensas en el otro, en ese detalle que sabes que va a alegrarle el día. Cuando alguien percibe que hemos pensado en él, se siente valorado y querido.

Siento:

¿A QUIÉN PODRÍAS DAR ESTA SEMANA?, ¿CON QUIÉN PODRÍAS TENER DETALLES?

2. Agradecer

Dar las gracias por algo que ocurre ahora, en este momento, forma parte de las normas de educación. Si alguien nos acerca la sal en la mesa, le damos las gracias; si alguien nos hace un favor, le damos las gracias; si un compañero del trabajo nos pregunta si queremos un café, le damos las gracias. Pero ¿recuerdas momentos y detalles especiales de tu vida que podrías volver a agradecer? ¿Cómo crees que se sentiría tu amigo, tu primo, tu hermano, madre, padre, si los llamaras esta semana y les dijeras lo agradecido que te sientes por una llamada, una conversación, por haberte prestado dinero, por haber cuidado de tus hijos un mes de verano, por una postal que recibiste con mucho cariño? ¿Cómo te sentirías tú si, a toro pasado, alguien te llamara para agradecerte algo de hace años? Seguro que gratamente impresionado y muy agradecido porque alguien dejara de pensar en ese momento en sí mismo y priorizara llamarte para decirte algo tan lejano.

Haz una lista de hechos y personas a las que puedes volver a agradecer algo que pasó en tu vida. Y siente cómo les cambias su día para bien.

Activa tu centro de reciclaje

Siempre he dicho que los psicólogos tenemos un centro de reciclaje en lugar de una consulta. Tú vienes con aquello que quieres desechar: tu dolor, tu pena, tus traumas, problemas a los que no encuentras solución y nosotros tratamos de transformarlo. Algo parecido les digo a mis pacientes: «Tenéis un transformador o un traductor en la mente». ¿Para qué? Para transformar o traducir todo lo que nos afecta y nos duele.

Imagina la siguiente escena:

Entras en una reunión, tu jefe está desquiciado porque le presionan desde arriba con los resultados de la empresa. Hay que cerrar el trimestre y no cuadran las cuentas. Tú tratas de enchufar tu portátil, tarda en conectarse y en un momento determinado te da una voz para que te des prisa.

Es el momento de usar el transformador o traductor. Significa que en el instante en que el grito entra en tu mente, lo transformas y dejas de darle el valor agresivo que tiene. Si aceptas el mensaje tal cual —«Hay que ver, vaya tío borde, ¿no se da cuenta de que el ordenador va lento? Ya podían cambiarnos los portátiles y todo funcionaría mejor, qué harta estoy de esta empresa y de esta agonía. Me tienen machacada»—, si dejas esta interpretación de este modo, lo normal es que te enfades, te pongas nerviosa y hasta te salga mal la presentación de la cuenta de resultados. Pero si activas el transformador antes de contestar, ocurriría lo siguiente: «Tranquila, Clara, ese grito no es por ti, la presión de arriba es tremenda y este hombre está desquiciado, como todos. No se lo tendré en cuenta, no suele ser así de agresivo».

Esto es usar el transformador. Se trata de traducir un idioma agresivo a una opción posible que justifique dicho comportamiento a pesar de que no aprobemos que nadie nos grite.

¿Transformar o traducir para qué?

Para NO
dejarnos influir por algo que,
en un momento determinado,
no podemos cambiar y que
puede afectar de forma
negativa tanto a nuestras
emociones como a nuestro
comportamiento.

Nos encontramos con jefes déspotas, padres controladores y agresivos, parejas victimistas. Si por el motivo que sea estás atado a ese trabajo, vives con tus padres o amas a tu pareja a pesar de ser victimista, saca tu transformador. Es más, a veces la intención de esas personas no es negativa, pero la gente no tiene recursos para expresarse o actuar de forma asertiva o controlada.

Prueba a transformar los comentarios que habitualmente te molestan y a los que reaccionas:

TRANSFORMADOR DE PENSAMIENTOS NEGATIVOS:

Feedback NEGATIVO

Feedback POSITIVO

No utilices el transformador nunca, nunca, bajo ningún concepto, para justificar la violencia de género, el maltrato, el abuso, el bullying. Para ningún comportamiento humillante, denigrante, controlador. Puede que durante un tiempo tengas que aguantar a un jefe mediocre que no sabe dirigir y que hace comentarios despectivos de tu trabajo. Pero de ningún modo si vienen de una pareja, ni siquiera de tus hijos. Poner límites y distancia con las personas impulsivas y agresivas es importantísimo para tu supervivencia, felicidad y dignidad.

NADIE
tiene derecho a
FALTARTE AL
RESPETO de
ninguna de las
maneras.

Ojo, si te parece fácil, no te relajes

Si te parece fácil, no te relajes. Nuestro cerebro tiende a ahorrar energía cuando valora que no necesita hacer un gran esfuerzo. Muchas veces ninguneamos al rival, anticipamos que el examen puede ser fácil o que ya tenemos experiencia suficiente en las entrevistas de trabajo. Estas interpretaciones nos llevan a pensar que estamos lo bastante preparados y con ello bajamos el nivel de alerta. Muchos entrenadores, padres, parejas acusan a los suyos de dejadez, de no tener actitud o de falta de motivación, pero lo cierto es que no suele ser un acto premeditado y voluntario.

¿Por qué ocurre?

Porque somos INTELIGENTES y nuestro cerebro valora el nivel de esfuerzo que requiere la actividad.

Pero a veces, nuestro cerebro se olvida de valorar el nivel de esfuerzo que va a realizar el rival, lo ingenioso que puede ser el entrevistador o nos podemos desconcentrar en el examen. Es la teoría del equilibrio, en la que tendemos a dar justo lo que creemos que requiere el momento. Así se ahorra energía para otras situaciones que necesitan de nosotros más intensidad o más esfuerzo.

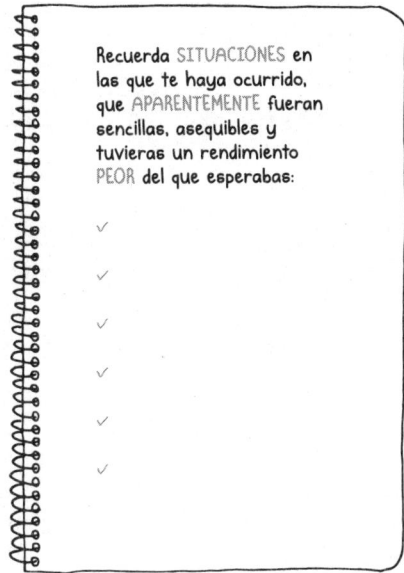

Recuerda SITUACIONES en las que te haya ocurrido, que APARENTEMENTE fueran sencillas, asequibles y tuvieras un rendimiento PEOR del que esperabas:

✓

✓

✓

✓

✓

✓

Para evitar relajarte en exceso, te animo a que prepares bien estos **dos puntos** ante la siguiente prueba:

AÑADE DIFICULTAD O COMPETITIVIDAD A TU OBJETIVO

No vas a una entrevista de trabajo, vas a sacar tu mejor versión, a ser más educado, habilidoso, empático, que otras veces. El rival puede ser asequible, pero tú quieres marcar cuantos más goles, mejor. Aunque conduzcas genial, piensa que quieres hacer el mejor examen que el examinador haya visto en toda la semana. No se trata de ver el momento como algo difícil, sino de querer hacerlo todavía mejor. De superarte. Mira mi ejemplo, es real como la vida misma. Normalmente doy la misma conferencia en distintos foros o empresas. Hablo de lo mismo, mismos ejemplos, mismos vídeos. Estoy tan hecha a ella, que me aburre y, si me aburre, no doy lo mejor de mí. Así que para estar concentrada, motivada y dar mi mejor versión, siempre introduzco diapositivas, ejemplos o dinámicas nuevas. Al que está escuchando le da igual, es la primera vez que me ve, pero me ve dando el cien por cien.

Me enfrento a:

Una charla que he
impartido cientos de veces.

Y para superarme yo, necesito:
1) Poner una dinámica
   divertida nueva.
2) Convertir diapos en post-it.
3) Interactuar más.

@patri_psicolosa

Me enfrento a:

Y para superarme yo, necesito:
1)
2)
3)

@patri_psicolosa

RESPETA A TUS RIVALES

Ya sean deportistas o candidatos al empleo. Ellos pueden tener su gran día y tú cometer errores. No bajes la guardia. Respetar al rival es competir como si tuviera posibilidades de ganarte, porque las tiene.

Enumera 2 PUNTOS DÉBILES de tu rival:	Piensa qué vas a hacer para ANTICIPARTE y ATACAR sus debilidades:

Enumera 2 PUNTOS FUERTES de tu rival:	Piensa qué vas a hacer para ANULAR sus fortalezas:

Ojos que no ven... problema que se mantiene

¡Postergar es deporte nacional! Postergar, procrastinar, dejar de lado, esconder los papeles debajo del montón más grande para no verlos, hacer el avestruz.

¿Sabías que cuando NO ATIENDES lo que tienes que atender, tu asunto no se volatiliza o desaparece? Como mucho, se hace mayor y más PELIGROSO.

¿Qué estás postergando en este momento?

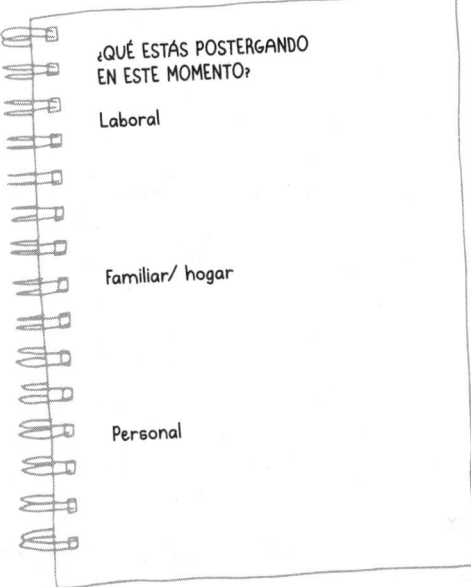

Postergamos por diversos motivos. Pero no es precisamente por el motivo que mucha gente cree: «Soy un vago». Este es el menos frecuente. Postergamos porque la tarea nos aburre, porque es complicada, porque no nos vemos preparados y tenemos miedo a fallar o porque lleva tanto tiempo pendiente que le hemos perdido el ritmo y no sabemos por dónde empezar.

Lo que sí sabemos es que, cada vez que postergamos, el nivel de ansiedad, de desesperación y de apatía con respecto a esa tarea se incrementa. **Sigamos estas reglas para dejar de postergar.**

Solo hay un plan A

Solo postergamos porque dudamos, porque nos ofrecemos otra alternativa a nosotros mismos. **A partir de hoy solo tienes un plan A con estas tareas de la lista.**

Solo actúa

No hables contigo mismo sobre otras opciones. Solo actúa. Ya lo dice Chema Martínez: «No pienses, corre». Pues algo así debes hacer tú: no pienses, actúa. Si piensas, estás perdido. Porque encontrarás un montón de argumentos en los que perderte. Y puede que te ganen la batalla. Yo acostumbro a decirme, para acallar al diablito que trata de convencerme de que postergue: «Cartucho, cartucho, que no te escucho».

Planifica

Elabora el plan para cada una de las tareas que vas a dejar de postergar.
Ese plan debe incluir fecha y hora de inicio, y tiempo de dedicación y los días que le vas a dedicar. También puedes incluir pequeñas metas si se trata de una tarea a largo plazo. Así será más sencillo calcular el tiempo de dedicación.

Por ejemplo:

1.
ORDENAR Y TIRAR
TODO LO QUE SOBRE
EN MI ARMARIO.
Sábados de 19 a 20 de
la tarde (hasta que
quede todo perfecto).

2.
TRADUCIR EN
INGLÉS UN
ARTÍCULO PARA
UNA REVISTA.
Martes de 18 a 20,
viernes de 16 a 18.

Visualiza el resultado final

Como el placer a corto plazo nos puede, trata de visualizar el resultado, qué ganancias tendrá en tu vida y cómo te sentirás cuando lo consigas.

Y recuerda:

Cuando te falte motivación, tira de **responsabilidad.** Los valores no pueden fallarnos.

Cuando te falle la
MOTIVACIÓN,
tira de
RESPONSABILIDAD.
Nos pueden fallar
las ganas, pero no los
VALORES.

@patri_psicologa

22

FORTALECE TUS EMOCIONES

Simplifica, hazlo fácil

Una de las mejores definiciones de mí es que soy fácil. Soy una persona fácil, de trato y de pensamiento. No suelo interpretar, tampoco juzgar, no voy más allá de lo que la gente me dice que es, y no busco otro significado. Me gusta la vida fácil, que por cierto no tiene nada que ver con la falta de esfuerzo, de trabajo o disciplina. La vida fácil es la vida sin más complicaciones que las propias del destino. Me gusta escribir fácil, relacionarme fácil. Para mí es muy importante simplificar, simplificar todo lo que se pueda. Era uno de los ejercicios que más me gustaba hacer cuando daba matemáticas en el colegio alemán. Yo estudié matemáticas en alemán, y a esta operación de simplificar se la denominaba «kürzen», y en su versión hispanoalemana, kurcear. Kurceabas cuando simplificabas un quebrado.

La idea de simplificar es maravillosa, nos ayuda a comprender la vida de manera fácil. A mí me llama mucho la atención cómo se complica la vida la gente, con relaciones tóxicas, invitando a los amigos a casa en donde todo tiene que estar perfecto y controlado, en el vestido, zapatos y complementos que eligen para ir a una boda, en la preparación de unas vacaciones. Cuando me cuentan el estrés que les provoca no fallar y querer tener todo bajo control, para mis adentros solo pienso que todo es mucho más sencillo.

¿CON QUÉ TE COMPLICAS TÚ AHORA LA VIDA?

¿CUÁLES SON LAS GANANCIAS, QUÉ VA A SALIR MEJOR, QUÉ VAS A CONTROLAR?

Anota el margen de mejora de tu preocupación como en el siguiente ejemplo:

Complicación	¿Qué gano complicándome?	¿Qué consecuencia tendría simplificarte la vida con este tema?	¿Puedo correr el riesgo?
Estar pendiente de los deberes de mi hijo de 10 años.	Que los lleve hechos. No le gusta nada estudiar y si no, me engaña y no los hace.	Que le regañaran, que repitiera curso (para él). Yo podría dedicar la tarde a mis cosas, que lo necesito.	Debería, porque me dicen en el cole que si sigo ayudándole, no será responsable, pero es la pescadilla que se muerde la cola.
Soy secretaria de dirección y las convocatorias de las reuniones me ponen muy nerviosa. Quiero que todo el mundo llegue puntual y estoy muy encima de todos.	Nada, porque por más que mando un correo media hora antes, 5 minutos antes, la gente sigue llegando tarde.	Que la reunión empezara más tarde, se alargara y me perjudicara el resto del plan de trabajo.	Si lo hablo con mi jefe sí, él mismo me dice que deje de preocuparme tanto por los demás. Pero me supera la informalidad.

SOLUCIONES

Anota a continuación soluciones para simplificar cada una de tus preocupaciones, tal y como te pongo en el ejemplo:

COMPLICACIÓN DE VIDA

Estar pendiente de los deberes de mi hijo de 10 años.

SOLUCIÓN PARA FACILITARME LA VIDA

Decirle a primera hora de la tarde que se ponga con los deberes, comentarle que no se lo recordaré más y que a partir de ahora es su obligación estar pendiente de ello. Y enfrentarme a la ansiedad que me supone que puede ir al cole sin los deberes hechos. No justificarlo. SI NO CUMPLE, APLICAR CONSECUENCIAS.

PARA SIMPLIFICARTE LA VIDA:

✓ **Lo que te dicen que es, es.** Y si tienes dudas, pregunta. Interpretar es el primer paso para complicarte y equivocarte de versión.

✓ **Deja lugar a la improvisación.**

✓ **Baja tu nivel de control.** Todo no puede salir perfecto. Tranquilo, el destino, la suerte, la climatología también tienen su papel en este juego de la vida.

✓ **Más no es sinónimo de mejor.**

✓ **No anticipes el fracaso y todo lo que puede salir mal.** No te previene del éxito y te complica la vida.

¿Sufres tecnoestrés?

El tecnoestrés es la adicción psicológica a la tecnología. Es un término acuñado en 1997 por Larry Rosen y Michelle Weil.

Se caracteriza por:

¿Sufres tecnoestrés?

1. ¿Deseas adquirir las últimas novedades en tecnología? Es común ver en el telediario largas colas de gente desde días antes esperando que se ponga a la venta en las tiendas la última novedad de alguna marca.

2. ¿Tienes relaciones sociales pobres? Se termina relacionando uno más a través de los chats y las redes sociales que en persona.

3. ¿Experimentas la necesidad de estar conectado en todo momento, conocer qué se publica y contestar a las redes sociales?

4. ¿Sientes ansiedad y malestar significativos si no consigues estar conectado? Las personas que sufren tecnoestrés sienten los mismos síntomas que cualquier otro trastorno de ansiedad.

5. Y esto afecta más a los jóvenes, a pesar de que cada vez es un mal más común a cualquier edad. En cualquier reunión de amigos es fácil comprobar que en lugar de hablar entre ellos suelen consultar más el móvil.

6. En muchos casos empieza a verse afectado el proceso de atención, que puede perjudicar al aprendizaje.

7. Impaciencia e inmediatez en los procesos de trabajo y en las relaciones personales.

Si te has sentido identificado, no temas, pero dediquémonos a desenganrcharnos un poco de la tecnología y recuperar viejos hábitos. ¿Te animas?

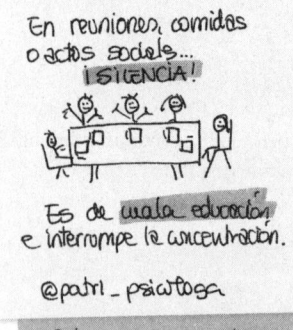

En reuniones, comidas o actos sociales... ¡SILENCIO!

Es de mala educación e interrumpe la concentración.

@patri_psicologa

Salvo que tengas algo realmente urgente, por favor silencia el teléfono. Es muy incómodo y de mala educación.

Practica otras aficiones al margen de la tecnología.

@patri_psicologa

Ten otras actividades que te apasionen y eduquen en las relaciones sociales, el deporte y otro tipo de juegos.

Si estar desconectado de la tecnología te produce ansiedad, aprende técnicas de relajación, respiración o meditación que permitan manejar eficazmente tus emociones. La meditación además mejorará tus procesos atencionales.

Si dejar la tecnología o estar desconectado te produce ansiedad... practica MEDITACIÓN.

@patri_psicologa

Educa en valores a tu entorno y actúa como ejemplo de conducta. No somos el modelo de teléfono que llevamos. Y no somos más felices por tener la tecnología de moda o más cara.

24

FORTALECE TUS EMOCIONES

El mundo al revés

¿Jugamos a poner el mundo del revés? ¿A ser inesperados, impredecibles? Además de divertido, verás cómo sorprendes a extraños y cercanos. Ya sabes que, además, el juego enriquece tu mente; la reta, la despierta, la vuelve curiosa y valiente. Así que vamos.

Este juego lo hago con mis pacientes y surge a raíz de una frase que le leí a Victoria Abril. Me encantó. Ella dijo: **«Yo siempre he sido una cobarde que huye *p'alante*»**. Y pensé en cómo sería nuestro mundo si lo viviéramos al revés. Porque cuando se huye, se hace en la dirección contraria al miedo. Si el miedo viene de frente, huyes *p'atrás*. Así que como una de las funciones del psicólogo es la de intentar que sus pacientes piensen de otra manera, que analicen, que se sorprendan, que se descubran, aquí os propongo varias ideas para cambiar comportamientos en un mundo al revés.

Solo el hecho de descuadrar la mente, contrariarla y conseguir que piense de forma distinta, trabajando así la reflexión, puede llevarnos a despertarnos del letargo y modificar hábitos y costumbres que nos perjudican.

Estas son mis propuestas, y luego os dejo una hoja en blanco para que rellenéis las vuestras. Sería genial poder leerlas en las redes sociales con el hashtag #elmundoalrevés.

¿Qué pasaría si...? #elmundoalrevés

¿Qué pasaría si...

... para solucionar un conflicto de pareja hiciéramos el amor en lugar de discutir?

... para ponernos a dieta en lugar de restringir comiéramos en abundancia de forma saludable?

... educáramos a los hijos en el humor participando de sus bromas, de sus vídeos divertidos y de sus juegos a los que catalogamos de «déjate de tonterías y ponte a estudiar»?

... en lugar de reunirnos en una sala formal a buscar ideas saliéramos a dar un paseo por el monte e hiciéramos una tormenta de ideas con el agua del riachuelo de fondo?

... en lugar de criticar la propuesta de un compañero de trabajo te acercaras a él y le dijeras lo brillantes que son sus otras ideas?

... te miraras al espejo y en lugar de sacarte defectos dijeras lo estupendo que te ves y lo maravilloso que eres?

... en lugar de correr cuando tienes prisa fueras más despacio disfrutando tu momento?

... contestaras con amabilidad y una sonrisa de oreja a oreja cuando una persona que atiende de cara al público se comporta contigo de forma seca o es poco empática?

... en lugar de decirle a tu pareja cuando te mete mano en la cocina «déjate de hacer el tonto que estoy cocinando» le siguieras el juego y terminaras como en la peli *El cartero siempre llama dos veces*?

... cuando tu hijo te trae un suspenso, no siendo habitual, le dijeras que te alegra que se enfrente al fracaso y que saque un aprendizaje de ese examen?

... te quedaras dormido en la oficina cinco minutos en lugar de recurrir al café cuando no puedes más del cansancio?

¿Qué pasaría si...? #elmundoalrevés

Quisiera vivir sin depender de...

¿De qué dependemos?

De todo aquello que NECESITAMOS para vivir y que, cuando no disponemos de ello, NOS ALTERA el estado emocional, bien provocándonos ansiedad, ira u otras EMOCIONES.

La dependencia tiene una base fisiológica, en la que nuestro organismo necesita una determinada sustancia para poder estar en equilibrio. La misma falta de cafeína puede producirnos dolores de cabeza si no tomamos la dosis diaria a la que estamos acostumbrados.

Dependiendo de lo nociva que sea y del grado en que nos afecte la adicción, el tratamiento irá enfocado a dejar la sustancia adictiva de golpe o de forma gradual. Este capítulo no va dirigido a las drogadicciones como el alcohol, el tabaco o alguna otra sustancia que necesiten de un tratamiento específico bajo la supervisión de un profesional.

Existe otro tipo de adicciones que, no siendo sustancias, nos atan, y que cuando tratamos de dejarlas, nos generan malestar, lloro, desesperación, inquietud o la sensación de no poder vivir sin ello. Hablo de comprar de forma compulsiva, de comer, de esa persona de la que depende tu seguridad, de hacer ejercicio continuamente porque si no te sientes culpable, de juegos del móvil, etc. Es cierto que estos comportamientos también alteran nuestros neurotransmisores, pero no generan un síndrome de abstinencia del que necesites algún tipo de medicación o internamiento, como puede suceder con algunas drogas o el alcohol. Aprovecho para apuntillar lo del alcohol. Tenemos tan normalizado el consumo de alcohol en nuestra sociedad, que para muchas personas beber a diario cerveza y vino, un chupito y un chorrito de crema de orujo con el café, no es alcoholismo. Como ellos te dicen, «bebo lo normal». Desde aquí os animo a todos los que menospreciáis el daño que produce el alcohol a ver la charla **TED** de **Julio Basulto** sobre el alcohol.

PARA DEJAR TU ADICCIÓN, PUEDES SEGUIR ESTOS CONSEJOS. VETE ANOTANDO TU OPCIÓN EN LOS RECUADROS.

1. **Elige de qué te vas a desprender.** Pongamos el ejemplo de:
   «COMPRAR CADA FIN DE SEMANA ALGÚN TRAPITO, DE ESOS QUE NO CUESTAN NI 20 €»

2. **Adquiere un compromiso poniendo una fecha** a partir de la cual te vas a distanciar de eso que te ata o te perjudica:
   «A PARTIR DEL PRIMER SÁBADO DE SEPTIEMBRE NO SALDRÉ DE COMPRAS MÁS QUE UNA VEZ AL MES»

3. **Adquiere un compromiso con tu círculo más cercano** y comunícalo a personas queridas que puedan ayudarte y motivarte.

«SE LO VOY A COMUNICAR A MI MARIDO Y A LA AMIGA QUE ME SUE-
LE ACOMPAÑAR CADA FIN DE SEMANA»

4. **Busca tu porqué,** tu sentido para dejar la dependencia. ¿Por qué quieres hacerlo?

«ME ESTOY GASTANDO UN DINERAL EN TRAPOS QUE AL PRINCIPIO
ME GENERAN ALEGRÍA, PERO QUE LUEGO ACUMULO Y NO UTILIZO.
CUANDO NO LOS COMPRO TENGO LA IMPRESIÓN DE QUE SE ME ES-
CAPAN LAS GANAS Y DE QUE NO SABRÉ QUÉ PONERME DURANTE
LA SEMANA. ME GENERA MUCHA ALEGRÍA ESTRENAR ROPA, PERO
NO ME GUSTA NADA LA PERSONA CONSUMISTA EN LA QUE ME ES-
TOY CONVIRTIENDO. COMO SI LA FELICIDAD CONSISTIERA SOLO EN
ESTAS MAÑANAS DE COMPRAS»

5. **Cuenta con un período de pasarlo mal,** de estar incómodo. Forma parte del tratamiento. Durante algunos días echarás en falta aquello de lo que dependes, pero es normal. Acéptalo.

6. **Busca actividades alternativas que te distraigan** de esos malos momentos: deporte, manualidades, yoga, salir con amigos, hablar con alguien, poner un huerto urbano en casa, lo que sea.
   «PRACTICARÉ YOGA Y SALDRÉ A DESAYUNAR A LA CALLE. ME ENCANTA SENTARME EN UNA TERRAZA SIN PRISA»

7. **Practica técnicas de relajación o meditación** que ayuden a compensar la ansiedad que provoca dejar un hábito nocivo y adictivo.

8. **Recuerda que es temporal y no pierdas de vista dónde quieres llegar** y cuáles serán los beneficios en tu vida y en tu salud cuando alcances el objetivo.

9. **Valora cada día** tu esfuerzo.

10. **Pide ayuda a profesionales.**

FORTALECE TUS EMOCIONES

No seas «enfadica»

Es horrible relacionarse con gente que continuamente está de mal humor, que son susceptibles, a las que todo les sienta mal y que gritan. Las personas que se comportan así ahuyentan a las personas queridas y a sus compañeros de trabajo. **Es tóxico tener un «enfadica» al lado.** Los «enfadicas» argumentan tener motivos para enfadarse: el estrés, los niños, no tener tiempo, estar agobiados con el dinero, tener alergia, el calor, el jefe que los agobia. Y terminan por convertirse en un estresor para otros. Si te ves reflejado, intentemos enfadarnos un poquito menos... y, a ser posible, nada.

1. ANALIZA QUÉ HA PASADO Y PIENSA EN EL VALOR QUE TIENE

¿De verdad que esto es tan importante? ¿Lo seguirá siendo mañana?

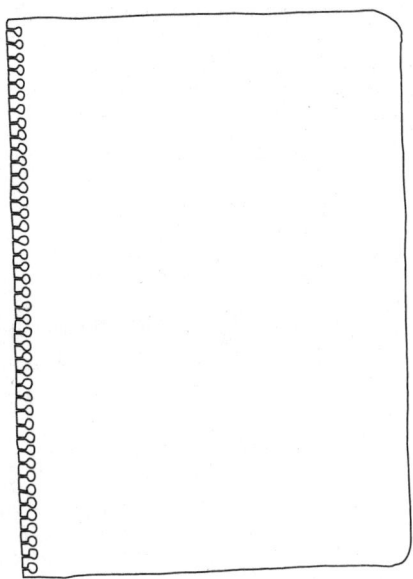

2. ANTICÍPATE

Si sabes que la situación que vas a vivir puede ser un estímulo incómodo para ti, prepárate. Escribe a continuación los inconvenientes que pueden surgir y ten preparadas soluciones.

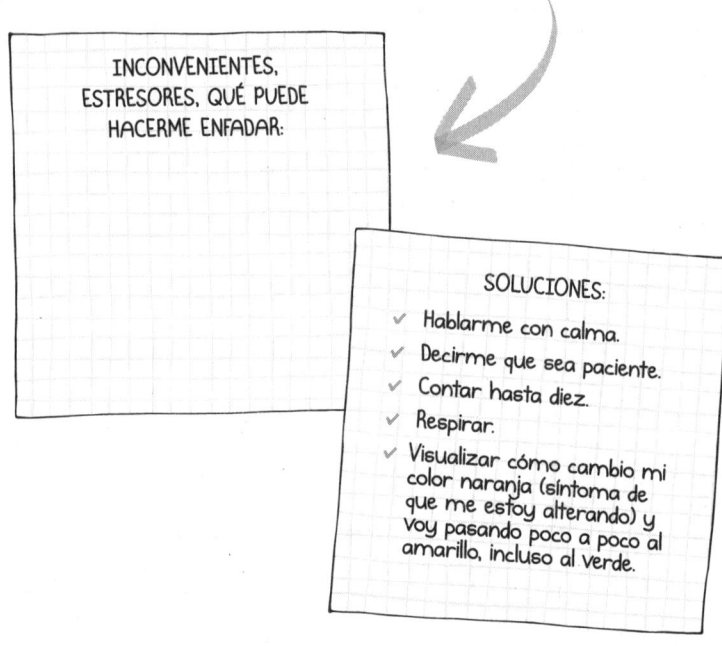

INCONVENIENTES, ESTRESORES, QUÉ PUEDE HACERME ENFADAR:

SOLUCIONES:
- ✓ Hablarme con calma.
- ✓ Decirme que sea paciente.
- ✓ Contar hasta diez.
- ✓ Respirar.
- ✓ Visualizar cómo cambio mi color naranja (síntoma de que me estoy alterando) y voy pasando poco a poco al amarillo, incluso al verde.

3. TIENES MÁS PACIENCIA DE LA QUE IMAGINAS, SOLO DEBES ENTRENARLA

La persona que habitualmente salta de forma agresiva tiene esa forma de reaccionar en su repertorio de comportamientos habituales. Trabaja tu paciencia con detalles.

PARA TRABAJAR TU PACIENCIA:

1. Espera para comer hasta que todos estén sentados.

2. No seas el primero que pica de los platos que se comparten.

3. Espera para entrar en el bus, tranvía, avión. No quieras ser el primero.

4. Ponte en la cola más larga del supermercado y sonríe mientras esperas.

5. Verbaliza contigo: «tranquilo, paciencia».

6. No interrumpas lo que estás haciendo por ver quién te ha escrito en el teléfono.

7. ¿Qué más se te ocurre a ti para entrenar?

4. LAS PALABRAS NO SE LAS LLEVA EL VIENTO Y DEJAN CICATRICES

La conducta impetuosa, la falta de paciencia, precipitarte, seguir el impulso de lo que te apetece y de lo que dependes por encima del bienestar, por norma general, siempre te va a traer consecuencias negativas. ¿Recuerdas las veces en las que te has arrepentido de haberte enfadado? ¿Cómo te sentiste después? **Trata de recordarlo y anotarlo:**

5. PRACTICA TÉCNICAS DE REGULACIÓN EMOCIONAL

Existen infinitas formas de reducir la actividad de tu sistema nervioso de forma natural. **Gritar no es un ansiolítico.**

6. APRENDE A COMUNICARTE Y A ENTENDERTE CON LA GENTE

Muchas de las interpretaciones que sacas sobre la intención de los demás, llevan a enfadarte. Saber pedir un cambio de conducta a otra persona, poner límites con asertividad, saber decir que no o expresar tus quejas sin ofender son conductas básicas para relacionarnos de forma positiva con los demás. La amabilidad y la educación nunca fallan.

7. NO LEVANTES LA VOZ

El grito no corrige, el grito no abre los ojos. Gritar es el recurso fácil de los que se enfadan con frecuencia.

8. UTILIZA EL HUMOR Y APRENDE A VER LA PARTE HUMORÍSTICA DE LA VIDA

Solo necesitas un poco de creatividad para ver el lado humorístico de todo. Por lo menos pasarás una perreta divertida.

9. CAMBIA LA PARTE DEL ENTORNO QUE TE ESTRESE Y QUE DEPENDA DE TI

Hay muchas medidas que puedes tomar y a las que no estás acostumbrado, a pesar de que te sigues enfadando. Algunas medidas de cambio incluyen conflictos, pero los conflictos pueden ser geniales para solucionar problemas.

10. CÁMBIATE LA ETIQUETA

A partir de hoy quedas oficialmente bautizado como alguien divertido y paciente, que rara vez se enfada y pierde los papeles.

¿VERGÜENZA, ridículo, timidez? Te interesa leer esto

Si eres de esas personas que pierden oportunidades por miedo al qué dirán, por miedo a hacer el ridículo, observa la siguiente conversación:

Persona tímida: «Me da mucha rabia estar en un ambiente en el que tengo posibilidad de conocer a gente nueva y el miedo a hacer el ridículo se apodera de mí. Me encantaría acercarme y entablar una conversación, disfrutar como hacen otros colegas míos. A ellos les da igual».

@patri_psicologa: «¿Sueles hacer el ridículo a menudo? Aparentas ser una persona prudente y comedida».

Persona tímida: «No, no, qué va, no me gusta llamar la atención».

@patri_psicologa: «¿Cuál es el último episodio ridículo que recuerdas, qué pasó?».

Persona tímida: «Ni idea, no recuerdo ninguno, creo que nunca he hecho el ridículo en este tipo de circunstancias... ni en otras».

@patri_psicologa: «Ah, qué interesante, y si nunca has hecho el ridículo, ¿cómo tienes miedo a hacer algo que no sabes hacer?».

Es decir, querido tímido, querido vergonzoso, querido prudente: no puedes tener miedo a hacer algo de lo que no tienes experiencia.

No puedes hacer el ridículo porque, sencillamente, no sabes hacer el ridículo.

Me parece que es un argumento bastante sólido para que te acerques a la gente, te muestres como eres, sensato, prudente, tímido, curioso, divertido, lo que sea, pero nunca, nunca, ridículo.

Yo no tengo miedo a presentarme a un grupo y que piensen que soy alta. ¿Por qué? Porque no lo soy. No pueden pensar algo de mí que no existe... salvo que visite a los pigmeos.

Si con esto no te he convencido, vamos con algunos consejitos:

1. ¿Eres introvertido o tímido?

Hay una diferencia. La persona introvertida suele preferir estar a solas porque está a gusto, a pesar de que a veces se ve como rara. Más porque los demás le insisten en que se relacione que por sí misma. Los tímidos desearían relacionarse más, estar con más gente, participar más cuando se encuentran en alguna reunión social, pero el miedo les limita.

2. Acepta la timidez

Deja de luchar contra ella, no es un monstruo. Hay muchas personas que encuentran a los tímidos atractivos, misteriosos. «Soy tímido.»

3. ¿Qué temes?

La timidez es un sentimiento que surge del miedo a sentirte rechazado o juzgado. La timidez genera ansiedad. ¿A qué le tienes miedo? ¿A hacer el ridículo, como el ejemplo? **Anota tus miedos.**

Seguro que ya estás viviendo aquello a lo que tienes miedo. Los miedos suelen estar relacionados con quedarte solo, ser rechazado, decir algo fuera de lugar, no estar a la altura de la conversación. Todo eso a lo que ahora temes, ¡ya está ocurriendo! Porque no estás participando, y, al no participar, te quedas fuera.

4.   Olvídate de las expectativas

Nadie espera nada de ti. Es erróneo pensar que la gente espera un comentario brillante, una persona graciosa o algo ingenioso. La gente, al igual que tú, tiene el foco de atención en lo suyo, ¿o no te pasa eso a ti? ¿Qué estás esperando tú de los demás? Nada, atención, pasarlo bien, estar en el grupo. Nada en concreto.

5.   Tú lo notas, ellos no

Tus nervios los percibes tú, nadie te está descubriendo. La ansiedad suele ser invisible, salvo que desencadenes un trastorno de ansiedad en el que empieces a hiperventilar.

6.   No razones contigo, acepta solo tus pensamientos

Cuando la mente te diga «meterás la pata», dale las gracias y dile que genial. No luches contra estas ideas irracionales. Solo quieren que le des un valor a la timidez que no tiene.

7.   Lo que hagas, es perfecto

Lo que hagas, cuando interactúes, a lo que te expongas, sea lo que sea, es perfecto.

8. No te obligues a hablar

Cuando acudas a sitios con gente, no te obligues a hablar. Deja que fluya. Que te apetece, participa, que no te apetece, escucha y observa. La idea de no verte obligado, de no exigirte, hará que te relajes. Si vas pensando que tienes que exponerte, que hay que vencer los miedos sí o sí, hará que estés más pendiente de exponerte que de relajarte con la conversación.

9. La atención, fuera

Deja de escanearte, de pensar en ti, o en las consecuencias de lo que digas. Pon la atención en la conversación, qué dicen, de qué ríen. Disfruta con lo que ves y oyes.

10. Cuida tu postura corporal

Adopta una postura de seguridad, la postura de poder. Muéstrate sonriente, relajado y seguro, aunque no lo estés.

28

Buscar
tiempo para
hacer lo
que nos da
pereza

Siete motivos para no ponernos manos a la obra, ¿cómo los vencemos?

1. NO LO CONVIERTES EN TU PRIORIDAD

Pensamos que tenemos toda la vida para disfrutar de nuestros hobbies, placeres, personas, y esto puede ser que sea así o que no lo sea. Si en tu escala de valores leer o aprender algo nuevo te hace feliz, no puedes relegarlo y dejarte a ti siempre para el final. Tienes que buscarle un hueco y tratar de que esa actividad sea innegociable.

2. NO TIENES TIEMPO

Las personas que consiguen realizar sus actividades, como puede ser la actividad física, no tienen más tiempo que las demás. Solo tienen una mejor organización. En esa organización a veces hay que renunciar a las actividades vacías, esas que no nos aportan nada, para hacer hueco a las que estamos deseando realizar.

Solución: delega, haz una cosa y luego otra, despréndete del teléfono móvil, olvida el perfeccionismo y canjea tareas, media hora de tele por media hora de caminata a buen trote.

3. ¡QUÉ PEREZA!

Tenemos pereza porque es más aburrido o complicado que otras cosas más atractivas y sencillas. Fuerza de voluntad tenemos todos, lo que ocurre es que algunos no la ejercitan. La fuerza de voluntad implica renunciar y esforzarse por lo que deseas.

¡¡No hay Plan B!!

Deja de razonar, buscar excusas o argumentar. SOLO : ACTÚA

@patri_psicologa

4. NO ME VEO CAPAZ

No te ves capaz porque no sabes cómo y por eso crees que no vas a poder.

Solemos tener miedo al fracaso, miedo a equivocarnos, miedo a acumular errores. Miedo a salir del lugar donde nos sentimos cómodos y seguros.

- aprende otra manera
- fórmate más
- inventa algo

I ♥ FRACASAR

El error no dice nada de ti. Solo que te has equivocado... pero esto ya es un aprendizaje.

@patri_psicologa

5. PORQUE LO VEO MUY LEJOS Y NO ME MOTIVA

No se trata de reforzarnos solo con el premio final, sino con lo que vamos aprendiendo en el camino. Si se trata de un idioma, valora cómo cada día tienes más vocabulario, si se trata de un régimen, valora el peso que pierdes a diario, y no solo el hecho de hablar un inglés fluido o perder 20 kilos. Cuanto más tardes en iniciarte, más tiempo tardarás en llegar a la meta. Aquí hay que plantearnos el punto de no retorno. Es ahora, ya.

Desglosa tu objetivo en pequeños pasos.

META

Por muy lejos que esté... cada PASO, te ACERCA.

@patri_psicologa

6. NO TENGO APOYO Y ME VEO SOLO

Depender de los demás para iniciarte en algo puede ser muy motivador, pero es un lastre. Tenemos que aprender a convivir con nosotros mismos, a disfrutar solos y sacrificarnos solos.

Empieza a hacer cosas tú solo.

¿Qué se te ocurre?

ir al teatro solo

ir al cine solo

comer fuera solo

tomarme un café en una terraza solo

@patri_psicologa

7. SOY MAYOR, YA NO VALE LA PENA

Durante toda la vida tenemos capacidad de aprendizaje. Las neuronas mueren, pero la neurogénesis permite generar conexiones y redes nuevas, tan importantes para el aprendizaje como la propia neurona.

29

FORTALECE TUS EMOCIONES

El número 10

El 10 es el número de la perfección. Es el número completo porque contiene todos los números. El 10 es la base del sistema decimal. Todo lo organizamos en grupos de diez. ¿Sabes por qué? Es el primer número compuesto (1 y 0), el primero de dos cifras. De hecho, cuando hablamos de los mejores, siempre decimos que están en el TOP TEN.

Dediquémonos a nuestros top ten. Para este ejercicio necesitas tirar de imaginación y creatividad, y sobre todo, de mucha ilusión.

Trabajemos tus diez mandamientos para cada día. Trata de anotar cosas sencillas, esas que dejas de lado y de las que disfrutas, que cuadre con tu agenda y que consigas realizar. Mira mi ejemplo y escribe los tuyos para la semana. Puedes hacerlos como desees, todos a la vez, solo el de mañana o rellenar tres días.

Top 10 del lunes:

- ✓ Ducharme con la exfoliante.
- ✓ Subir la escalera de mi trabajo.
- ✓ Ir a trabajar con deportivas.
- ✓ Salir a caminar media hora esta noche.
- ✓ Leer un cuento a los niños de forma relajada.
- ✓ No gritar, hoy no voy a gritar.
- ✓ Una onza de chocolate al finalizar el día.
- ✓ Poner al día mi bandeja de correos.
- ✓ Arreglar dos macetas, necesitan una poda rápida.
- ✓ Comprar en internet bolsas para la aspiradora, nunca las encuentro en los grandes almacenes.

Top 10 del lunes

Top 10 del martes

Top 10 del miércoles

Top 10 del jueves

Top 10 del viernes

Top 10 del sábado

Top 10 del domingo

Se trata de un ejercicio que no tiene más finalidad que la de disfrutar y realizar cosas que te plazcan. **Eres un TOP TEN...** y lo sabes.

30

FORTALECE TUS EMOCIONES

El sentimiento de culpa

«Hay un remedio para las culpas, reconocerlas.» Franz Grillparzer, dramaturgo austríaco

Los sentimientos negativos tienen su parte positiva en el sentido de que nos educan, nos permiten evolucionar y también generan un aprendizaje. Si no sintiéramos culpa, **¿cómo sabríamos que hemos herido a alguien?** Si no sintiéramos culpa, seguramente repetiríamos comportamientos dolorosos, no seríamos empáticos, no nos afectaría hacer el mal, y esto es un peligro para cualquier grupo. Las personas nos regimos por códigos de conducta, aprendemos límites que no podemos cruzar pero, sobre todo, sentimos emociones negativas cuando cometemos un error.

La culpa y el sentimiento de dolor permiten reflexionar, analizar, buscar soluciones, reparar el daño y prevenir futuros problemas.

Pero sentir culpa no significa que tengas que machacarte toda la vida. Utilicemos la emoción para el cambio, no para sufrir. Sigamos estos pasos con aquellas situaciones que nos hacen sentir culpables. Incluso, si tienes alguna en mente que no hayas resuelto hasta ahora, puedes utilizarla para entrenar estos puntos.

1. RECONÓCETE A TI MISMO QUE TE HAS EQUIVOCADO

<u>Reconocer hacia fuera es más sencillo que reconocer hacia dentro.</u> Supone aceptar un error y que no somos perfectos. Puedes realizar este ejercicio sentado cómodamente en un sillón.

2. NO TRATES DE JUSTIFICARTE

Solo reconoce qué ha pasado. Justificarse es una manera de escurrir el bulto: «No suelo equivocarme en cosas como esta, ha sido una excepción».

3. PIDE PERDÓN DE FORMA SINCERA

Y en la medida que puedas, trata de ponerte en contacto con la persona, no le mandes un simple whatsapp. La persona necesita ver tu mirada, tu tono, tu sentimiento. **Siempre hay alguna manera para poder verse.**

- Llama por teléfono.
- Queda con él.
- Utiliza Skype.

4. REPARA EL DAÑO

Pedir perdón es el primer paso, el segundo es tener un detalle. Si has roto algo, reponlo; si has sido maleducado, ten la delicadeza de llevar unos bombones. Se trata de que la persona herida se sienta bien y sienta que has pensado en ella más allá del perdón.

5. TRATA DE COMPRENDER POR QUÉ ACTUASTE ASÍ, QUÉ TE IMPULSÓ

Si encuentras el motivo, tal vez puedas prevenirlo la próxima vez. Imagina que has sido maleducado o seco con alguien por teléfono. Puede que la causa fuera que la llamada te interrumpía la atención que tenías puesta en otro tema muy importante en la oficina. La lectura que puedes sacar es que la próxima vez, en lugar de coger el recado, descolgarás y le dirás a la persona que en ese momento no puedes atenderle y que le devolverás la llamada en cuanto puedas. O directamente puedes decidir no coger el teléfono y devolver la llamada perdida cuando termines tu asunto importante. **¿Cómo podrías anticiparte la próxima vez?**

6. TÚ TAMBIÉN MERECES TU PERDÓN

Deja ahora de machacarte y de sentirte mal contigo mismo. Lo que has podido reparar, ya está. No hay nada más que hacer. No eres responsable de la decisión que esa persona tome ahora contigo. Tú ya has hecho lo correcto.

Responder SÍ, reaccionar NO

Una de las claves de la libertad y de la serenidad está en la diferencia entre estos dos conceptos. Reaccionar supone dar una respuesta impulsiva ante una situación, sin que medie la reflexión. Reaccionamos cuando tocamos el claxon cuando hay tráfico; reaccionamos cuando gritamos a alguien que nos ha puesto nerviosos; reaccionamos cuando desencadenamos la respuesta de ansiedad y huimos de una cita con alguien que nos gusta o reaccionamos cuando comemos de forma compulsiva cuando estamos nerviosos.

Reaccionamos porque nos sentimos amenazados y no nos paramos a ver qué sentimos, a ver cómo se manifiestan esas emociones, a valorar qué hacer. Reaccionamos cuando no medimos las consecuencias, cuando no somos reflexivos, cuando no le damos tiempo a lo que sentimos para ver cuánto tiempo dura y si es tan molesto como aparentemente parece. La persona que reacciona se deja arrastrar por sus emociones, como bien explica Beatriz Muñoz en su maravilloso libro *Mindfulness funciona*. En cambio responder supone pararte, observar y elegir el modo de actuar.

En lugar de reaccionar, puedes realizar varias prácticas que te permitirán ser libre en vez de esclavo de tus emociones:

1.

LA PRÁCTICA DE LA ATENCIÓN PLENA

Aprende a observar más que a ser protagonista de tu angustia. ¿Qué está pasando a mi alrededor? Puedes decidir ser un mero espectador en lugar de participar en una guerra que no vas a ganar. Seguirá habiendo tráfico y personas que te pongan nervioso, seguirás teniendo momentos de ansiedad. En definitiva, seguirás viviendo en un mundo que tiene amenazas no reales, pero que tú interpretas como amenazante. Así que tu reacción no te sirve de nada, más que para sentirte luego descontrolado, más enfadado, más rabioso o incluso culpable.

2.

¿ESTA ES LA PERSONA QUE DESEO SER?

A mí esta pregunta me parece una declaración de principios. Antes de reaccionar, contesta: ¿quiero ser alguien que grita, que toca el claxon, que come compulsivamente? La respuesta te la adelanto yo: no. **Simplemente preguntarte hará que tengas tiempo para no reaccionar.** Entre el estímulo que te pincha y el globo que revienta (tú), suele pasar un segundo de nada. Pero hacerte una pregunta y contestarla, permite tener un margen mayor para calmarte y decidir qué hacer.

3.

HACERTE ESTA PREGUNTA: ¿QUIERO ASUMIR LAS CONSECUENCIAS?

Cada acción que tenemos se acompaña de una reacción. Es la tercera ley de Newton: acción–reacción. Si pitas o insultas en el coche, lo normal es que te devuelvan el pitido o insulto; si comes por ansiedad, engordas; si gritas a alguien, se sentirá humillado o te gritará a ti y así con todo. **Pensar en las consecuencias muchas veces permite decidir antes de actuar.** Y sentirnos responsables y orgullosos de la elección tomada.

4.

OJO CON EL RITMO QUE LLEVAS

Dale al off. Lo necesitas. Muchas veces salta tu sistema impulsivo porque tienes el vaso completamente lleno y te hace rebosar cualquier minucia a la que en otro momento no reaccionarías.

5.

PRACTICA TÉCNICAS DE MEDITACIÓN Y RELAJACIÓN QUE PERMITAN REGULAR TU SISTEMA NERVIOSO

Si el ritmo de vida, tus circunstancias, la sensación de no llegar a nada, te estresa, **busca practicar técnicas que te regulen la activación del sistema nervioso**.

6.

HÁBLATE EN IDIOMA CALMADO

Es el idioma de los que se dicen comentarios a sí mismos como «tranquilo, solo es tráfico», «tranquilo, ya buscaremos una solución», «tranquilo, solo está alterado, no respondas tú igual». **Tranquilo, calma, despacio, espera, son palabras claves para responder en lugar de reaccionar**.

Si NO deseas algo, ¿por qué le prestas atención?

Prestar atención es un acto voluntario. Si no deseas que ocurra, ¿por qué piensas tanto en ello? Nos pasamos de la raya anticipando situaciones que tememos, bien porque las vemos peligrosas, bien porque no queremos fallar. También nos pasamos mucho tiempo dándole vueltas y prestando atención a lo que nos incomoda: un ex, un compañero tóxico, una experiencia pasada que nos hizo sufrir, un momento de ridículo en nuestra vida. ¿Para qué? Para nada. Deja de abonar la planta. Cuando rumias, argumentas, dedicas tiempo a pensar en lo que no deseas y así estás alimentando tu malestar. Se trata de hacer algo que nos lleve a ignorar. Piensa en el siguiente ejemplo que te escribo y en cómo reaccionarías si te ocurriera. **¿También lo ignorarías?**

IMAGINA que hay alguien que está detrás de ti, que te escribe al WhatsApp, te invita a tomar café y, por más largas y explicaciones que le das, sigue insistiendo. ¿Cómo terminas actuando con él o con ella? Lo IGNORAS o incluso lo BLOQUEAS.

La técnica de ignorar, archiconocida a lo largo de nuestra historia, es la misma para los casos en que desees dejar de prestar atención a aquello que te incomoda y te hace sufrir.

Prepara una caja, como puede ser una de cereales o de zapatos. Decórala, así sabremos que esa decoración es la última atención que vamos a prestar a esos asuntos que nos preocupan. Haz un collage o fórrala como te apetezca.

Y AHORA ANOTA EN POST-IT DIFERENTES CADA TEMA DEL QUE QUIERAS DESLIGARTE.

Mira el ejemplo de una de mis pacientes.

Un ex, <u>no consigo olvidar</u> lo mal que se portó conmigo a pesar de haberle dado todo.

De sentirme <u>torpe</u>, menos que los demás. Siempre creo que los demás son mejores que yo.

De lo gordita que estaba en el instituto. Cuando recuerdo esa época de mi vida me dan unas ganas horribles de llorar, a pesar de que ahora me gusta mi cuerpo.

Me duele la idea de pensar que un día puedo perder la cabeza. Quisiera no pensar más en ello.

Se me está pasando el arroz. Tengo 32 años y no tengo pareja.

Del daño vivido con mi madre. Una mujer controladora y tóxica. Ninguna de mis parejas le ha gustado y las he dejado por ella.

ESCRIBE LOS TUYOS:

Y ahora dobla esos papeles, deja una ranura en la caja y ciérrala con cinta adhesiva para no abrirla más. Cada vez que aparezca tu pensamiento rumiante, el tema del que te quieras desprender, solo acepta que esté en tu mente y visualiza cómo lo introdujiste en la caja. Di algo así como «ahora estás en la caja».

33
FORTALECE TUS EMOCIONES

Pide

Las personas todavía no tenemos la facultad de adivinar lo que ocurre en mente de otros, aunque existen mentalistas que son tan brillantes que parezca que tengan ese don. Pero no es así. Todo son herramientas de sugestión y «manipulación». Nos llevan donde ellos desean para que contestes lo que ellos te están sugiriendo. Es un espectáculo poder ver a uno bueno. Me fascinan.

El resto de los mortales ni siquiera tenemos esta habilidad. Así que nos cuesta muchísimo saber qué le ocurre a alguien, qué piensa, qué necesita o qué espera de nosotros. **Muchos conflictos que surgen en pareja, con los hijos, en el trabajo o con los amigos, vienen de este sesgo.** El sesgo consiste en pensar que...

La persona que ME CONOCE porque ha convivido o trabajado conmigo o porque llevamos mucho tiempo de relación, debería conocer también cuáles son MIS NECESIDADES.

Grave error. Y esta es la semilla del mal rollo, de la anticipación de la mala intención y de no interpretar con benevolencia a los demás.

A ver si te suenan estos pensamientos:

«Nunca valora el trabajo que hago de arreglar cosas en casa. Piensa que se arreglan solas. En cambio, solo me echa en cara todo lo que ella necesita que a mí se me olvida. Es una desconsiderada.»

«Debería darse cuenta de que necesito ayuda. Me deja sola con todo. Es un egoísta.»

«Pone el aire acondicionado para fastidiarme, hace un frío que pela.»

«¿No se da cuenta de que yo también quiero ir a ese viaje? Lo están montando sin mí y ni siquiera me preguntan si me apetece ir. Estoy saliendo de esta enfermedad tan complicada y lo que necesito es distraerme.»

«Mi hijo es un desconsiderado, sabe que me quedo sola todo el fin de semana y no es capaz ni de preguntarme si quiero salir un rato con él.»

Continuamente sacamos conclusiones sobre el comportamiento y las intenciones de los demás, sin tener la certeza de que esa sea su intención. Pero nos las creemos a pies juntillas. Es como estar en nuestra zona de confort. Buscamos la interpretación que encaje con nuestras creencias y así no necesitamos darle vueltas a la cabeza buscando otra explicación posible.

Y no solo nos equivocamos con la interpretación que realizamos sobre la conducta de los demás.

Lo más fuerte es que a partir de esa interpretación tomamos medidas y nos comportamos con esa persona en función de nuestra interpretación, no de la REALIDAD.

¿Y todo por qué? Por no pedir o por no preguntar.

Qué diferentes hubieran sido los desenlaces de los cinco pensamientos anteriores, ¿verdad?

«Me han quedado geniales los cuadros que he enderezado en el salón. Voy a preguntarle a María qué le parecen.»

«Necesito ayuda. Voy a hablar con mi marido y le pediré que se ocupe él de este tema.»

«Tengo un frío que me muero, voy a pedirle a Juan que baje un poquito el aire o que lo quite.»

«Me encuentro mucho mejor de mi recuperación. Estoy con fuerza. Sé que mis amigos están montando un viaje y puede que piensen que sigo agotado. Hablaré con ellos para que me incluyan en los planes.»

«Me quedo todo el fin de semana sola, igual le apetece a mi hijo salir a tomar un vermut juntos o ir al cine. A ver si tiene ganas y nos vamos juntos.»

La cantidad de malestar, agobio, tristeza, discusiones y problemas en las relaciones que nos hubiéramos evitado solo con preguntar y pedir. Puede que en alguna ocasión nuestra interpretación negativa sea cierta, pero la mayoría de las veces nos equivocamos. Así que te animo a pensar en **tres situaciones** que ahora estés dando por sentadas y puedas darles otro giro.

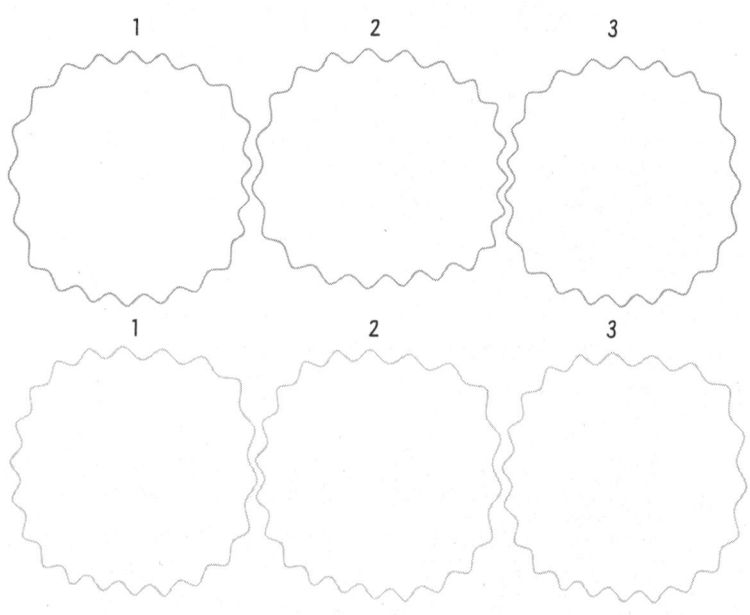

Bienvenida, querida desgracia

Dicen que cuando un amor se rompe es porque otro mejor tiene que llegar. No sé si recuerdas, y si no lo has visto te lo recomiendo, el discurso de Steve Jobs en la Universidad de Stanford. En él se dirigía a los universitarios, futuros profesionales, que se graduaban ese día. Es un discurso motivacional que no tiene desperdicio. Uno de los puntos que trataba era la conexión de los sucesos. Comentaba que hay veces en las que no entendemos en el presente el porqué de las cosas hasta que avanzamos y nos damos cuenta en el futuro de que aquello que ocurrió estaba para nosotros, a pesar de que en su momento fue doloroso o no tuvo explicación. Lo llamaba «conectar los puntos», y decía que te dabas cuenta de la conexión cuando observabas hacia atrás.

No hay nada de científico en creer que todo ocurre por algo. Pero la manera que tengamos de interpretar la pérdida, el bache o el contratiempo puede llevarnos a sentirnos más seguros, a estar más atentos a mejores oportunidades, a salir de la zona confortable o a encontrar algo mejor.

A mí me gusta pensar que todo tiene su sentido. Esta forma de pensar nunca me ha llevado a bajar los brazos y a dejar que la vida me lo ponga en bandeja. Cuando sufres, cuando pierdes, cuando tropiezas, hay que pasar el duelo y seguir construyendo el camino. Pero siempre con la esperanza de que la vida guarda algo bueno para ti.

CONTESTA ESTAS PREGUNTAS:

¿En qué te ayudaron a crecer tus contratiempos o tus pérdidas? ¿Qué aprendiste de ti que no sabías?

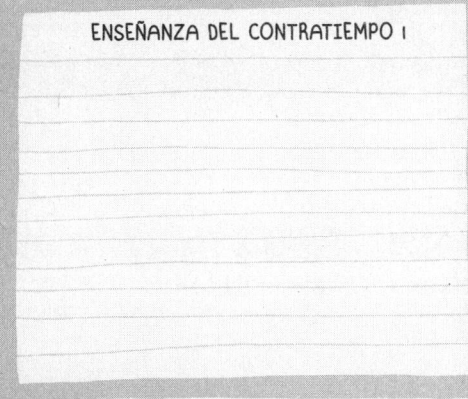

ENSEÑANZA DEL CONTRATIEMPO 1

ENSEÑANZA DEL CONTRATIEMPO 2

ENSEÑANZA DEL CONTRATIEMPO 3

ENSEÑANZA DEL CONTRATIEMPO 4

¿Qué rumbo tomó tu vida?

¿Hubieras descubierto eso de ti, hubieras cogido ese camino de no haber sufrido esa experiencia?

ALGUNOS PUNTOS QUE PUEDES TRABAJAR CUANDO SUFRAS UN VARA-PALO, POR MUY DOLOROSO QUE SEA:

1. ACEPTA LO QUE NO DEPENDA DE TI	Perder un trabajo porque tu empresa entra en suspensión de pagos, perder una pareja que no está enamorada de ti, un accidente en el que te viste involucrado. **La vida tiene una parte no controlable y, nos guste o no, en algún momento te va a tocar a ti.**
2. DEDICA TIEMPO A TU DUELO, A TU PÉRDIDA	No trates de buscar trabajo mañana, salir con otra persona enseguida o sustituir lo que has perdido. **Aprende a convivir con esa emoción**, practica meditación, descansa, queda con amigos, habla del tema pero no lo conviertas en tu monotema.
3. REDIRIGE	¿Hace falta que te formes en algo?, ¿apuntarte a alguna afición para conocer gente nueva?, ¿hacer un viaje solo y ver mundo?, ¿cambiar de hábitos?, ¿acudir a terapia?, ¿leer sobre algo que te ayude para el futuro?
4. NO HAGAS NADA	Parece contradictorio con el punto 3. Pero hay muchas veces que no tienes por qué cambiar nada. Ni hacer más formación, ni hacer más amigos, ni cambiar de ciudad, solo **esperar y dejar que todo fluya.**
5. ESCUCHA EL PUNTO DE VISTA	**de otras personas que hayan pasado por lo mismo.**
6. BUSCA LOS BENEFICIOS DE TU PÉRDIDA	Ahora tendrás más tiempo para ti, ¿en qué lo podrías invertir? **Lo que ahora parece tremendo, dentro de un tiempo no lo será.** Igual hasta agradeces esa pérdida.

35

FORTALECE TUS EMOCIONES

La felicidad depende de tu capacidad para ser bondadoso ☺

Piensa durante un momento en personas como Gandhi, Teresa de Calcuta, en misioneros, en esa maestra que siempre estaba de buen humor, en esa abuela que no tenía un reproche y solo te dedicaba muestras de amor. ¿No tienes la intuición de que, además de ser personas maravillosas, eran felices? Hay una relación directa entre la capacidad para hacer el bien, ayudar a los demás, y la propia felicidad.

Por desgracia vivimos en una sociedad en la que se ha perdido el valor de la bondad, incluso diría yo que el del respeto. Muchos creen que ser bueno es ser tonto. Se sobrevalora el individualismo por encima del bien grupal. En el día a día, nos ponemos a salvo antes de ayudar al otro, excepto cuando ocurre algo tremendo, como pudimos ver en los atentados sufridos en agosto de 2017 en Barcelona y Cambrils, cuando la furgoneta de un malnacido arrolló a todo el que se le puso por delante. Entonces somos capaces de sacar toda nuestra fuerza, generosidad, bondad. Así que solo me queda pensar que, al margen de vivir en esta sociedad consumista e individualista, todos, todos, llevamos la generosidad y la entrega por bandera. Esto se debe a la empatía, a las neuronas espejo que nos ponen en el lugar del otro, que nos dicen que hay alguien sufriendo que podría ser tu madre, tu hijo, tu amigo. En ese momento se muere el yo para nacer el nosotros, el grupo, la tribu, las personas de bien. ¿No sería genial que esta parte nuestra tan maravillosa estuviera despierta todo el año, no solo en momentos trágicos o durante la Navidad?

Sabemos más que de sobra que la bondad genera bondad y que además repercute en la salud física y emocional de quien la ejerce. ¡Fíjate lo longevos que fueron Teresa de Calcuta y Gandhi! Y eso que Gandhi fue asesinado. No sé si sus formas de ver la vida tuvieron algo que ver con su longevidad, pero lo cierto es que inspiraban ternura, compasión, serenidad y amabilidad.

¿Cómo te sientes tú cuando actúas ayudando o pensando en el otro?

¿No te has dado cuenta de que a la mayoría de las personas les hace **más ilusión regalar** que recibir un regalo?

Cuando ayudo a los demás:

→ Disfruto viendo la cara de felicidad.

→ Te siento aliviada cuando se reduce el sufrimiento.

→ Te siento parte del grupo => pertenencia

→ ¡ÚTIL!!

@patri_psicologa

Cuando ayudas a los demás:

→

→

→

→

@patri_psicologa

10 FORMAS DE POTENCIAR LA BONDAD

1. Piensa cada mañana en un cumplido que vayas a hacer a alguien.

2. Piensa también en un favor que puedas hacer, aunque sea pequeño. Mi marido siempre saca al perro por la mañana. No es su obligación, pero sentó el precedente y siempre lo hace él. A mí me gusta más salir a correr al mediodía, pero hay veces que, no teniendo ninguna gana, salgo yo a correr a las siete con el perro. No le digo nada, porque él es excesivamente protector y bondadoso, pero lo hago por quitarle ese peso. Le digo que tengo ganas de correr y así se cree que lo hago porque me apetece a mí.

3. Sonríe a todo el mundo. Cuando subas al autobús, cuando te atiendan para tomar un café, cuando te den el periódico, al revisor del AVE, en el taxi. Sonríe, es gratis y no sabes lo bien que sienta para quien interactúa contigo. El mundo está lleno de amargados que van con esas caras de que les deben dinero. Encontrarte con un sonriente es un regalo.

4. Sé considerado. Siempre hay alguien que está peor que nosotros. Deja propinas, ofrece ayuda, trata a la gente con respeto y educación.

5. Sé generoso. A la gente le cuesta mucho compartir, sobre todo sus ideas. Tienen miedo de que se las copien, de que les roben las medallas. Ser generoso es confiar en el otro. Es cierto que te encontrarás con trepas que te harán la cama, pero tienes que correr el riesgo. Así también conocerás a gente tan generosa como tú que vale mucho la pena.

6. Haz el amor y no la guerra. Vete en son de paz, no anticipes que te van a tratar mal, no anticipes malas intenciones, no anticipes el fracaso. Piensa en que la gente va a responder, en que te ayudarán a resolver tus dudas o tu problema. Siempre hay tiempo para enfadarte si no te respetan o te atienden como necesitas.

7. Sé honesto y justo. Siempre.

8. No seas clasista, no distingas, no hagas juicios de valor. Nos relacionamos con personas, no con profesionales, ni con razas, ni con religiones, son personas. Todas las personas merecen tu mejor versión. Si hay algo que no soporto es a los prepotentes y arrogantes, a los que se creen por encima de según qué personas, a los que diferencian entre clases. Me repatean el hígado. Sí, es de las pocas cosas que me repatean el hígado.

9. No hay mejor receta para dormir que una conciencia tranquila. Actúa en función de tu escala de valores, siempre. Sé bueno, benevolente, educado, amable y si puedes, simpático.

10. Siembra, siembra, siembra, pero no esperes a la cosecha. Trata de que todo fluya, de que te salga sin medir y sin esperar el retorno.

Recuerda esto...

<u>NADA</u> OCURRE SIN DEJAR HUELLA.

36

FORTALECE TUS EMOCIONES

«Al final del
día solo nos
quedan los
recuerdos»

Un artículo en *The New York Times* finalizaba con la frase del famoso chef Thomas Keller diciendo que...

«Al final del día solo nos quedan los recuerdos».

Si al final del día solo nos quedan recuerdos...

¿No deberíamos trabajar todo el día para que estos fueran lo más maravillosos posible?

¿Qué haces tú a lo largo del día para fabricar recuerdos que valgan la pena? Tener buenos recuerdos equivale a haber tenido buenas experiencias, experiencias enriquecedoras. Los buenos recuerdos nos hablan, dicen que valió la pena haber vivido esos momentos.

Para tener buenos recuerdos, tenemos que vivir buenos momentos. ¿De qué manera participas tú en generarlos?

ELABORA UNA SERIE DE ESTRATEGIAS QUE TE PERMITAN VIVIR BUENOS MOMENTOS:

CONTESTA LAS SIGUIENTES PREGUNTAS PARA FABRICAR TUS BUENOS MOMENTOS:

¿CON QUÉ ME QUIERO QUEDAR DE LA GENTE?

¿QUÉ HE HECHO HOY PARA CREAR BUENOS MOMENTOS?

¿CON QUÉ ME QUIERO QUEDAR
DEL DÍA DE TRABAJO?

¿CON QUÉ ME QUIERO
QUEDAR DE MÍ MISMO?

Cuando te acuestes, revisa tu recuerdo y dile a tu cerebro que, por favor, te lo ordene, fije, retenga y cuide mucho durante el sueño.

Es importante, además, que aproveches tus oportunidades. Serrat decía que «de vez en cuando la vida te besa en la boca».

Y es cierto, la vida nos brinda oportunidades y tenemos que estar atentos para poder percibirlas y saber aprovecharlas. La persona que aprovecha sus oportunidades se caracteriza por:

1. Cree en su buena suerte.

2. Se prepara para tener éxito, para conseguir metas, no para fracasar.

3. Entiende que los baches y los momentos de bajón no son permanentes, sino circunstanciales.

4. Es flexible y sabe adaptarse.

5. Justifica sus éxitos y sus fracasos en variables internas, es decir, sabe que dependen de él. Así también se responsabiliza de su futuro.

6. Olvida lo negativo y no se recrea en ello.

7. Soporta bien la presión, las críticas y los errores.

Preguntando☺
se llega a
Roma

Cuando no preguntas, no llegas ni a Roma ni a ningún lugar. La persona que no pregunta se queda con la duda y, en el peor de los casos, la duda le lleva a interpretar, a realizar un juicio de valor y a tomar decisiones sin pruebas de realidad.

PREGUNTAR no es una debilidad, es un signo de interés y de inteligencia, si entendemos una parte de la inteligencia como buscar respuestas a algo que no sabemos.

CUÁNDO **NO** DEBEMOS PREGUNTAR:

✓ Cuando necesitamos aprender a aprender. No puedes preguntar lo que tú por ti mismo deberías investigar. Los demás no pueden anular tu capacidad de autonomía.

✓ Cuando es por cotilleo.

✓ Cuando podemos incomodar a alguien. La prudencia y el respeto están por encima de tu necesidad de saber más.

¿QUÉ SITUACIONES REQUIEREN PREGUNTAS?

- ✓ La cultura y la curiosidad por saber.

- ✓ Las dudas en clase.

- ✓ La falta de información. Puede darse en muchas situaciones, desde no conocer el curso de una enfermedad una vez te dan el diagnóstico, a la ruta que tienes que coger cuando vas conduciendo.

- ✓ Conversaciones de pareja en las que no se tiene claro qué demanda el otro o qué desea expresar.

- ✓ ...

¿Cuáles son tus preguntas pendientes? A continuación haz una lista y elabora el plan para realizarlas. Algunas preguntas pueden ser muy complicadas como «¿mi pareja y yo queremos el mismo compromiso?». Es una típica pregunta que la gente no se atreve a realizar por miedo a ahuyentar al otro, por miedo a que se vea atado. En cambio, otras preguntas serán mucho más sencillas: «¿Me darán dos días más para acabar un artículo pendiente?».

MIS PREGUNTAS PENDIENTES:

Y ahora elabora el plan:

¿CUÁNDO, CÓMO, DÓNDE?

El que pregunta reduce
su nivel de ansiedad.

La peor de las facturas

La peor de las facturas no es la de la luz, el gas o la hipoteca. La peor de las facturas es la que pagas con salud física y emocional cada vez que trabajas más de la cuenta. Hay gente que lleva un ritmo de trabajo de 15 horas diarias. La gente no es consciente de los daños colaterales hasta que aparece el punto de no retorno: la pareja se va deteriorando, gritas a tus hijos, dejas de cuidarte, desarrollas una enfermedad... y es entonces cuando te das cuenta del precio que estás pagando.

Ninguneamos las señales porque pensamos que «mi pareja estará ahí toda la vida y será comprensiva con mi carga de trabajo», «un achaque es un achaque, total, lo tiene todo el mundo», «ya tendré tiempo para hacer eso más adelante, ahora no es el momento», «es que como baje el ritmo me echan de la empresa». Tenemos un montón de excusas que pueden ser reales, pero ninguna tan importante como cuidar de tu salud, de ti y de tus seres queridos. Hay precios que tienen un coste altísimo y, cuando quieres devolver el producto, se ha pasado el plazo.

«No me di cuenta, mi mujer me decía que no hacíamos nada juntos, se sentía sola, pero no pensaba que fuera tan grave», «estaba completamente agotado, por eso me tomé el complejo vitamínico, pero no me hizo nada; ahora llevo de baja tres meses», «mis hijos me echan en cara que de pequeños no pasaba tiempo con ellos. Llegaba agotada después de 12 horas de trabajo y no me quedaba fuerza ni para hacerme la cena». **¿Te suenan?**

Pues tratemos de reflexionar juntos:

¿A qué estás renunciando en este momento?

¿Qué te dice tu intuición: son soportables o son claras
señales de que tienes que hacer un cambio?

¿A qué pérdidas te estás enfrentando?
¿Te valen la pena?

Y ahora, el plan:

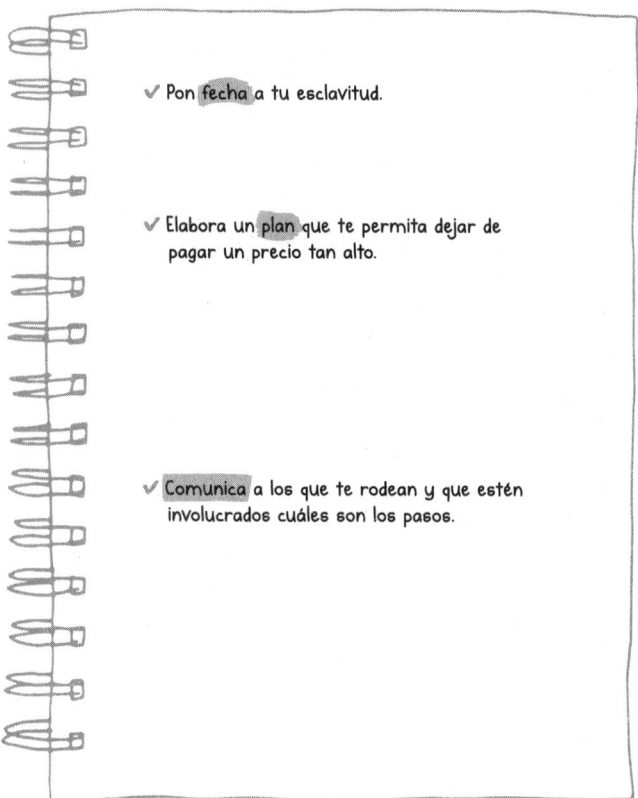

✓ Pon fecha a tu esclavitud.

✓ Elabora un plan que te permita dejar de pagar un precio tan alto.

✓ Comunica a los que te rodean y que estén involucrados cuáles son los pasos.

Y ACTÚA.

39

FORTALECE TUS EMOCIONES

Cheques canjeables

¿Alguna vez te han regalado bonos o cheques canjeables? Pero no me refiero a esas tarjetas que contienen dinero para que vayas tú y te compres lo que quieras. Me refiero a unos papelitos que ponen cosas que la persona que te los regala intuye que te van a hacer feliz. En mi 46 cumpleaños, mis hijos me regalaron un bote que contenía actividades que iban a realizar por mí o para mí.

Mi bote y mis bonos

Sinceramente, fue un regalo espectacular. Me emocionó tanto, que no quiero ni canjearlos. Me gusta ver el bote mientras trabajo. En este momento lo tengo enfrente. ¿Qué te parecería poder hacer sentir bien a la gente a lo largo de una semana como ellos me hicieron sentir a mí?

Te voy a dar propuestas de cheques canjeables, pero lo ideal sería que **tú elaboraras las tuyas propias en función de lo que agrade a la persona que deseas sorprender.** Una cosa muy importante: no escribas un cheque canjeable en función de alguna actividad que tú decidas hacer, por ejemplo «vale por ir a una clase de equitación juntos» si sabes que tu pareja odia los caballos.

Te dejo una serie de ideas para los cheques canjeables en pareja, pero son aplicables a los amigos, compañeros de trabajo, padres, etc. Es importante que una vez que regales tu cheque, cumplas con tu palabra.

✓ Vale por una sesión de masajes.

✓ Vale por hacerte la cena toda la semana.

✓ Vale por pasar la aspiradora el sábado por la mañana.

✓ Vale por una sesión de running mientras preparo yo la cena.

Piensa a continuación en diez personas **a las que podrías sorprender con un cheque canjeable.** Escribe qué te gustaría regalarles y mándales la foto vía whatsapp. O elabora a mano tu propio cheque canjeable y entrégalo en persona.

Momentos felices

«Hay que ver lo felices que seríamos las personas si fuéramos conscientes de lo felices que somos.»

Reflexiona sobre esta frase, por favor. ¿Qué te hace pensar?

Seríamos más felices si tomáramos conciencia de que ya lo somos, porque así, en lugar de quejarnos, lo podríamos disfrutar más. Existen pequeñas acciones durante el día que podemos provocar para aumentar nuestro nivel de bienestar. ¿Te animas?

1. Trabaja tu memoria selectiva

Se trata de pensar en recuerdos de momentos que te hicieron sentir bien. Sabemos que cuando recordamos emociones positivas, somos capaces de sentirnos igual de felices que cuando ocurrieron realmente.

2. Trabaja sobre tus fortalezas

¿En qué eres bueno, en qué destacas, para qué tienes talento?

3. Dedícate tiempo, aunque solo sea para descansar

Compra flores, hazte las uñas, date un masaje, dedica tiempo a meditar, pasea...

4. Lleva un diario sobre tus momentos especiales y atentos durante el día

5.   Actívate

Haz ejercicio, corre, baila, ponte música, canta.

6.   Busca material que te haga sentir bien

Ver fotos, series, comedias, leer.

7.   Haz cosas por los demás

Manda un mensaje, haz una llamada, compra un recuerdo.

8. Elige tus emociones

Decide cuál de ellas te vas a poner hoy.

CONCLUSIÓN

Y aquí me despido, queridas y queridos. Muchas personas me comentan en ocasiones que qué fácil es ser optimista cuando el viento sopla a favor. Imagino que interpretan que mi vida, tal y como la perciben, es una vida en la que el viento sopla a favor. Y tienen toda la razón... en parte del comentario. Lo que todas esas personas desconocen es que fueron el OPTIMISMO, la ALEGRÍA, el SENTIDO DEL HUMOR, y mucho apoyo social, los responsables de que, después de años durísimos, pudiera alcanzar el momento actual.

El OPTIMISMO siempre estuvo en mi vida, en las duras y en las maduras. Porque a través de él es como encontré el camino para seguir creciendo, como persona, como madre, como pareja o como amiga.

El OPTIMISMO debe viajar en tu mochila, porque si esperas encontrarlo dondequiera que desees llegar, igual tampoco está allí. El OPTIMISMO es una actitud, y te invito a entrenar todo lo que has leído en este libro.

Patricia

AGRADECIMIENTOS

Gracias a mi editor, **Carlos**. Los que estáis ahí fuera no lo conocéis, no le ponéis cara. Pero Carlos es una persona de trato fácil. Es alguien con quien tengo química. Me encanta trabajar contigo. Me siento genial, todo es fácil, rodado. Eres de las personas que uno quiere tener en su vida.

Gracias, **Joan**. Ha sido un placer compartir este proyecto. No se puede escribir un libro sobre dinámicas optimistas sin un compañero que sume. Tú sumas, siempre tienes una palabra amable, una sonrisa, siempre facilitas las cosas. Eres otro descubrimiento de la vida.

Es increíble cómo vas encontrando personas que te confirman que la gente es tan chula como siempre has imaginado.

Y gracias, **Carmen Chituca**, porque las promociones a tu lado son siempre maravillosas. Nos entendemos, nos gusta hablar, nos conocemos, nos reímos juntas y formamos un buen equipo.

Gracias a toda la familia de **Penguin Random House**, a aquellos que estáis detrás. No os conozco a la mayoría, pero formáis parte de mi equipo, sois parte de mis sueños. Porque publicar un libro es un sueño.